AF343820

les indépendants

1884-1920

DU MÊME AUTEUR

Les Féeries de Paris (*Couverture de R. Carabin*).
Les Soupeuses (*Dessins de George Bottini*).
Le vrai J.-K. Huysmans (*Portrait par J.-F. Rafaëlli*).
Poupées de Paris (*Avec des illustrations*).
Henri de Toulouse-Lautrec (*Avec des illustrations*).
Le vrai Rodin (*Avec des illustrations*).
Paris, voici Paris ! (*Couverture de Sacchetti*).
Cubistes, Futuristes, Passéistes (*Avec des illustrations*).
Rodin (*Grand album, avec des illustrations*).
Rodin à l'Hôtel Biron et à Meudon (*Avec des illustrations*).
Paul Cézanne (*Avec des illustrations*).

THÉATRE

(Seul ou en collaboration)

M. Prieux est dans la salle !
Deux heures du matin... quartier Marbeuf (*Couverture de Géo Dupuis*).
Hôtel de l'Ouest... Chambre 22.
Une nuit de Grenelle (*Couverture de Géo Dupuis*).
Sainte Roulette

A PARAITRE

Les Pantins de Paris (*Avec des dessins inédits de J.-L. Forain*).

PORTRAIT DE M. CHOQUET

les indépendants

1884-1920

par

GUSTAVE COQUIOT

LIBRAIRIE OLLENDORFF

PARIS

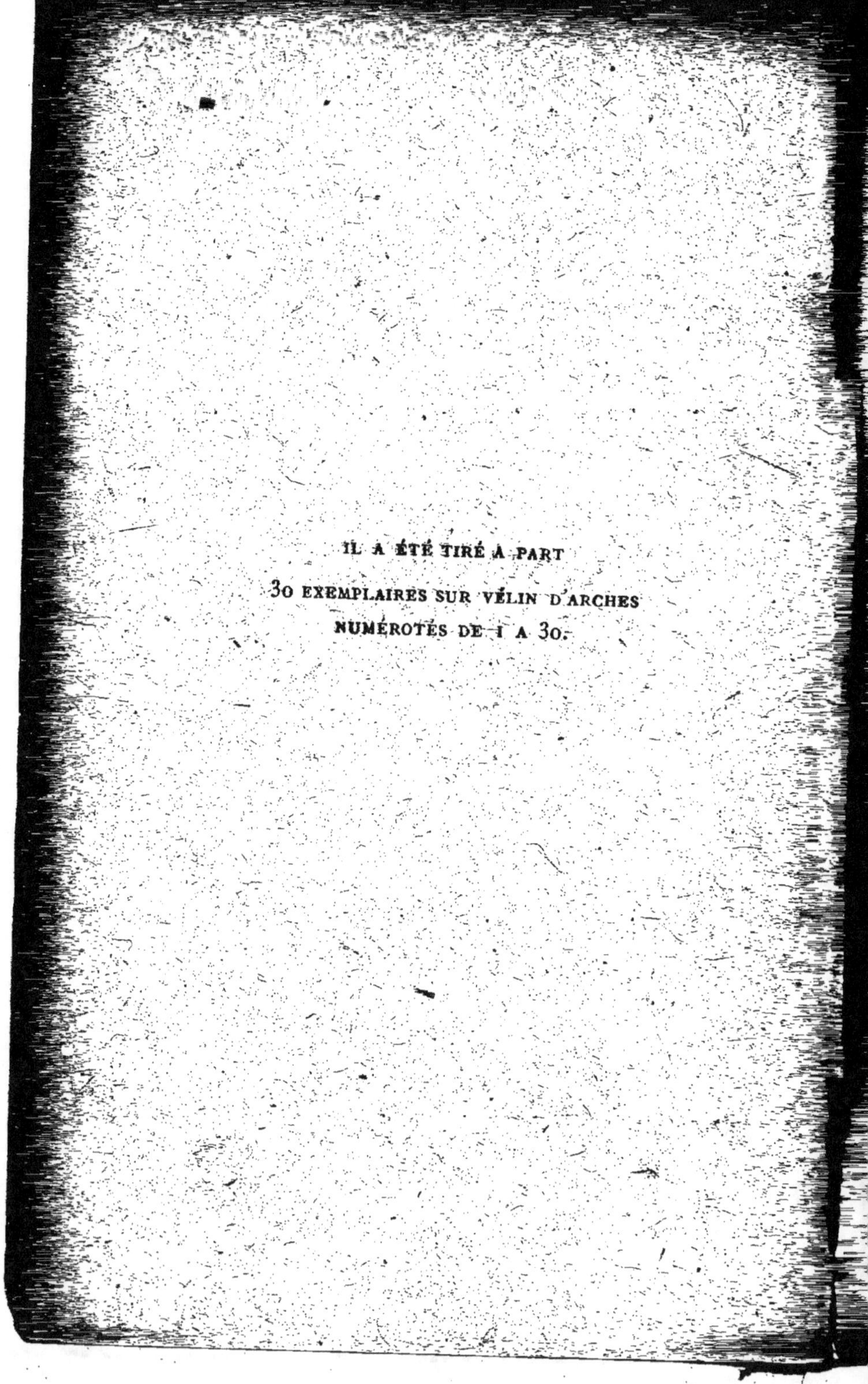

LES INDÉPENDANTS

(1884-1920)

Pourquoi j'ai écrit ce livre

*Le 16 février 1914, préludant sur la douce flûte de
Pan, par de brefs et plaisants récits, au touffu Bulletin de la Vie artistique qu'il devait publier quelques
années plus tard, Félix Fénéon, sans un sourire, sans
colère aussi, épingla, dans un des catalogues de la
Galerie Bernheim-jeune, le rapprochement suivant :
« Cette Société (la Société des Artistes indépendants)
qui, à son trentième anniversaire, est à la merci du
Ministère de l'Agriculture, n'est pas sans quelque
signification, puisque parmi ses exposants ont
figuré, et nous en oublions d'importants, Angrand,
Anquetin, Bonnard, Cézanne, Lucie Cousturier, Cross,
Denis, Derain, Van Dongen, d'Espagnat, Flandrin,
Forain, Van Gogh, Guillaumin, Henri-Matisse,
Laprade, Marie Laurencin, Luce, Manguin, Marque,
Marquet, Marval, Metthey, Peské, Puy, Redon
K.-X. Roussel, Van Rysselberghe, de Segonzac, Seurat, Signac, Toulouse-Lautrec, Vallotton, Valtat,*

Vuillard, Lebasque, Vlaminck et les cubistes et les orphistes.

« Dans ce même laps de trente ans, l'Académie des Beaux-Arts décernait le premier grand prix de Rome, peinture, à MM. Pinta, Axilette, Lebayle, Danger, Thys, Laurent, Devambez, Lavalley, Lavergne, Mitrecey, J.-A. Leroux, Déchenaud, Larée, Moulin, Gibert, Laparra, Roger, Sabatté, Jacquot-Defrance, Sieffert, Guétin, Monchablon, Roganeau, G.-P. Leroux, Billotey, Aubry, Lefeuvre, Bodard, Dupas, de Gastyne, Girodon. »

De là, en citant tous les artistes que Fénéon a premièrement nommés, ceux-là et beaucoup d'autres venus ensuite, de là, à écrire enfin un livre sur les Indépendants, il n'y avait vraiment qu'un pas, — et point un pas de clerc, certes ! Car, si les Indépendants que nous épinglerons à notre tour sur de belles feuilles blanches ne sont pas tous de brillants papillons de la peinture, tant s'en faut, on conviendra tout de même qu'ils sont plus rares, un d'entre eux piqué au hasard, que le plus mirifique de ces grands prix de Rome, qui ont dû, je l'accorde, pour la plupart, culbuter dans de paisibles et mornes retraites, et enfin délestés des illusions qui putrident dans la Ville des Villes !

Aussi, écrire ce livre, c'est chercher un nouveau cric pour aider à soulever cette odieuse métairie de la rue Bonaparte, et la laisser ensuite retomber avec entrain dans le désir qu'elle ensevelisse sous ses ruines cent ans de sottise — et cette Villa Médicis, à Rome, qui est bien l'immeuble le plus coûteusement vain qui soit ! Car, certainement, il n'y a nulle raison valable pour qu'on entretienne sur notre poil les ridicules nigauds qui, là-bas, se battent les flancs pour ne jamais nous donner une émotion et nous arracher un cri. Songez même qu'il y a au Pincio des dadais âgés de trente ans et plus; alors est-ce vraiment utile de maintenir au budget des Beaux-Arts le moindre crédit affecté à cette Villa de chapons? Et enfin, quel fastueux gala si l'on pouvait voir un jour l'École des Beaux-Arts à Paris et l'Académie de France à Rome engloutir, en s'effondrant, ces deux vieux danseurs : Luc-Olivier Merson de l'âge de fer blanc et Cormon de l'âge de plâtre!

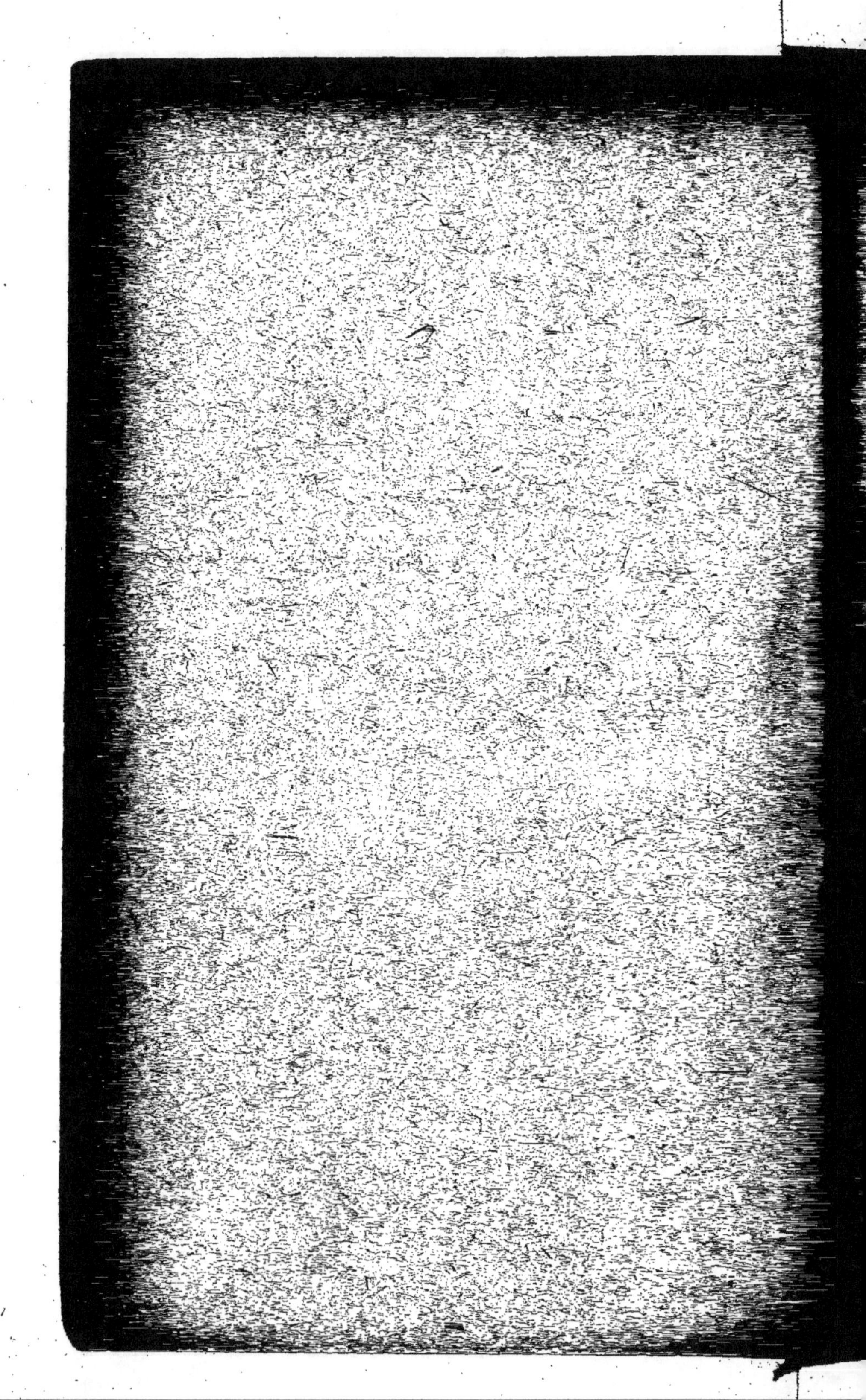

Raison d'être
de la Société des Artistes Indépendants

Les Salons, avec jurys et distributions de récompenses, sous forme de médailles, de croix et de
palmes, ayant, depuis le premier jour, témoigné,
d'une manière irréfutable, de leur totale imbécillité,
il était évident qu'un jour des artistes, las d'être
battus par les artistes officiels des Salons, se révol-
teraient et fonderaient un Salon cette fois enfin, ah !
Dieu ! sans jury et sans récompenses.

Car, en vérité, si Tolstoï ne reconnaissait pas aux
hommes le droit de juger d'autres hommes, je me
demande de quel droit des peintres s'arrogent le
pouvoir d'accepter ou de refuser à un Salon des
œuvres présentées par d'autres peintres.

Redire ici, du reste, les noms de certains peintres
illustres refusés autrefois, alors que les noms composant les jurys sont aujourd'hui parfaitement oubliés,
c'est chose inutile. Le plus niais des « amateurs
d'art », comme les appelait le doux Jean Dolent, sait,

là-dessus, à quoi s'en tenir. Mais, comme cette sottise ancestrale se perpétue, cette sottise de Jury indécrottable et indélogeable (se rappeler les ridicules manigances des Salons d'Automne, ces vieux jeunes Salons!) l'utilité du Salon des Artistes indépendants (ni jury ni récompenses) est plus évidente que jamais, n'est-ce pas? et il faut souhaiter qu'il vive le plus longtemps possible et le plus ardemment possible : — seule chance pour nous de découvrir un jour le nouveau génie que refuseraient les Salons officiels, y compris le vieux jeune Salon d'Automne. Et nouveau génie que la Providence nous doit bien, somme toute, après Cézanne, Van Gogh et Renoir.

Sans doute, sans doute, d'innocents huiliers et de pâles jeunes filles, détournées hélas! de la prostitution par de mauvaises mères ou par la fâcheuse qualité de leur sang, sans doute, sans doute, des barbouilleurs tombés encore plus bas, si c'est possible, que les peintres des Salons officiels, ce qui n'est pas peu dire! — sans doute, sans doute, tous ces gens-là encombrent de leurs toiles les Salons des Indépendants — et le jury du vieux Salon d'Automne saurait, bien, lui, démêler le froment de l'ivraie! — eh bien, tant pis! Mieux vaut accepter cent mauvaises toiles, celles que vous supposez telles, (mauvaises toiles, hier, les œuvres de Renoir, Van Gogh, Seurat, Cézanne, etc., etc.) — mieux les vaut accepter, que de refuser une œuvre de génie. Et d'ailleurs, vous, jury, vous ne savez rien! Vous ne reconnaissez même pas une œuvre fausse entre deux authentiques, toutes les trois présentées ensemble. Souvent même, vous ne reconnaissez pas vos œuvres. On vous trompe aussi aisément que vous vous trompez vous-même ! Et les plus hauts en sont là ! Peintres et sculpteurs, vous êtes tous sur votre labeur ; et vos yeux ne distinguent rien. Rappelez-vous ? Rodin, un jour, fit saisir comme fausse une de ses propres œuvres ; et, un mois après, l'œuvre rachetée par lui, il déclarait à tout venant que c'était là une de ses plus belles sculptures (Histoire trop connue du bronze intitulé : *La Terre*).

Sans chercher d'autres arguments — il y en a tellement d'autres ? — le Salon des Indépendants a donc toutes les raisons d'exister ; et nous avancerons même qu'il est le seul, le seul, qui vaille ! Nous préférons, en effet, mille fois, des efforts ratés ou que l'on juge ratés à des sempiternelles redites, à des banalités épuisées par tous les regrattiers de l'huile. Tenez, qu'est venu dire le Salon d'Automne, après les Salons officiels ? A part quelques rétrospectives illustres : Cézanne, Renoir, Van Gogh, rétrospectives qui eussent pu être organisées aisément ailleurs —, il est devenu, ce Salon, un ramassis de vieux jeunes, un fonds de composts, un solde de « pannes » demi-officielles, de la liquidation de stocks invendables ! Fier comme un pou sur un crâne d'évêque, il emprunte des tapis ; il se fait courtier de publicité ; il donne des concerts, des galas de littérature ; et, de tout cela, que sort-il ? S'il savait, seulement, ce vieux jeune Salon, présenter la peinture ; s'il trouvait le moyen

de ne pas nous faire geler, nous, les visiteurs,
nous, les éternels gobe-mouches, dans ces salles
immenses, glacées, lugubres comme des vélo-
dromes quand les coureurs et le public en sont
absents. Si, enfin, il pouvait, ce vieux jeune Salon,
nous émerveiller une seule fois! Mais il faut bien
dire, au contraire, qu'il n'est pas autre chose que
la mouture retapée, « mondanisée » du Salon des
Indépendants. Il fait double emploi avec ce dernier,
lui, au moins, toujours vrai jeune Salon. Tous les
peintres notoires du vieux jeune Salon d'Automne,
les Bonnard, les Matisse, les Rouault, les Van Dongen, les Puy, etc., etc., mais nous les connaissons
depuis longtemps, bien avant cette ridicule invention du Salon d'Automne, bien faite, non seulement pour nous dégoûter peu à peu de la Peinture,
mais encore pour nous infliger toutes les bronchites
du monde !

Historique de la Société
des Artistes Indépendants

« Au printemps de 1884 (je copie une lettre à moi adressée par Paul Signac), des affiches furent collées sur les murs de Paris : *Groupe des Artistes Indépendants — Baraquement des Tuileries* (entre les pavillons de Flore et de Marsan).

« Ce fut une ruée ! A ce moment, nulle exposition, nulle galerie, nul marchand pour les jeunes peintres — Beaucoup de refusés du Salon (c'était de ce groupe qu'était parti le mouvement — Odilon Redon, Seurat, avec la significative *Baignade* —, Cross, avec un tableau sombre, — Angrand, Dubois-Pillet —, moi-même.

« Nous fûmes très mal placés. Au vernissage, ma toile « Quai d'Austerlitz » n'était pas accrochée. Je soudoyais un des garçons du buffet, et j'obtins de placer ma toile au-dessus des cafetières fumantes.

« L'administration fut très fantaisiste ; il y avait des fonds assez considérables (cotisations et entrées) — ; jamais les exposants ne purent obtenir des comptes.

Sur un carnet figuraient des dépenses de ce genre :

« 1 canne à pêche — 8 fr. 50

« Soudoyé un concierge — 5 francs.

« On fit une réunion présidée par Redon, qui à l'ouverture de la Séance se trompa et proclama : « Mesdames, Messieurs, la séance est levée! »

« C'est là que je fis connaissance de mon voisin : il s'appelait Seurat. Les membres du comité de ce *groupe* n'osèrent pas comparaître; et, à l'issue de cette séance, on décida de se transformer en : *Société* des Artistes indépendants, dont les statuts rédigés par Dubois-Pillet et par Jaudin furent déposés, le 11 Juin 1884, devant Maître Coursault, notaire à Montmorency.

« La première exposition eut lieu la même année, en hiver, au Pavillon de la Ville de Paris, Champs-Élysées, au « *bénéfice des Victimes du choléra!* »

Complétons ces amusants souvenirs.

La naissance de la Société des Indépendants fut, en effet, très laborieuse. Une autre Société lui disputait ce titre : *Les Indépendants*; et, au printemps de 1884, ces deux groupes exposèrent au même moment, au même endroit, même entrée; mais chacun de ces groupes avait son tourniquet.

A l'entrée du groupe qui devait former quelques mois plus tard la Société des Indépendants on avait affiché : *Exposition des Impressionnistes*; et, comme malgré cela, la foule ne savait quelle exposition

choisir, on criait, des deux côtés, ainsi qu'à la foire :
« C'est ici que se trouvent les meilleurs tableaux ! »
Enfin des exposants de la future Société des Indépendants se dévouèrent, entrèrent, sortirent, ren-
trèrent, ressortirent, firent la foule, s'interpellèrent à
haute voix, exprimèrent leur joie d'avoir vu « tant de
bons tableaux ! » ; et la foule, entraînée, alors les
suivit.

Les comptes furent singulièrement difficiles à
apurer. Chacun avait sa note de frais et certains
l'avaient « arrondie » sans vergogne. M. Henri Jaudin
fut l'homme, qui, après maintes et maintes discussions, mit de l'ordre dans ces drôlatiques finances.

L'exposition de 1884, au mois de décembre, fut un
désastre. La neige empêcha les visiteurs d'arriver
à ce pavillon de la Ville de Paris, aux Champs-Élysées.
On compta 138 exposants, parmi lesquels peuvent
être cités : Bastien-Lepage, Mlle Bashkirtseff,
Angrand, Cross, Dubois-Pillet, Jaudin, Guillaumin,
Redon, Schuffenecker, Seurat, Signac et Valton.

Un comité, composé de onze membres, avait pour
président le peintre Guinard, et pour vice-présidents : Dubois-Pillet et Odilon Redon.

En 1885, il n'y eut pas d'exposition de la
Société des Artistes indépendants. Mais, en 1886,
Georges Seurat offrit ses admirables tableaux ; *Un
dimanche à la Grande-Jatte* ; *le Bec du Hoc* ; *La
Rade de Grandcamp* ; *la Seine à Courbevoie*, etc.,
et Paul Signac y figura aussi avec un envoi impor-
tant.

D'autre part, apparaissaient aussi les tableaux et

les titres qui devaient tant amuser plus tard les
visiteurs de ces Salons. David Fuller, par exemple,
né aux États-Unis — et demi-nègre! — exposait ses
premiers tableaux consacrés à ses chers Indiens; et
un de ses tableaux portait la légende suivante :

« *Une partie de la prairie a été préservée du feu par
les Indiens pour leur servir de retraite, mais le vent a
tourné et l'espace réservé a pris feu, chassant les
cavaliers et leurs chevaux excités avec la rapidité de
l'éclair.* (Souvenirs du Far-West.)

Et, de son côté, Serendat de Belzim exhibait :

Il pêche ! (Souvenir d'Enghien.)

Elle pêche ! (Souvenir d'Enghien.)

En 1887, si le même Serendat de Belzim est dési-
gné par *Une douce pensée, Frileuse, Diana,* et *Fantaisie !* Georges Seurat envoie dix toiles et dessins;
et l'on s'émerveille devant *Le Phare d'Honfleur,
L'embouchure de la Seine, Le pont de Courbevoie, La
grève du Bas-Butin,* etc. ; tandis que Paul Signac
est honoré par une dizaine d'enviables toiles
célébrant des paysages du Petit-Andely et de
Clichy.

Une préface de feu Ernest Hoschedé consacra,
en 1888, le succès des trois premières expositions
des Indépendants. On lisait, depuis le premier jour,
en tête du règlement de la Société : « *La Société des
Artistes indépendants, basée sur la suppression des
jurys d'admission, a pour but de permettre aux
artistes de présenter librement leurs œuvres au juge-
ment du public.* » Sans doute, comme nous l'avons
dit, cela permit à d'innocents rapins de se glisser

dans la Société; mais qu'importe? est-ce qu'un Salon comme celui de 1888, qui exposait encore dix toiles de Georges Seurat : *Poseuses, Parade de cirque, Au Concert Européen, A la Gaîté Rochechouart, Au Divan Japonais, Forte Chanteuse, Dîneur, Lecture, Balayeur et Jeune fille,* — n'était pas un spectacle de premier ordre? et comme si cela ne suffisait pas, n'avions-nous pas, cette même année, pour la première fois, les trois tableaux de l'extraordinaire Van Gogh : *Romans parisiens, La butte Montmartre* et *Derrière le Moulin de la Galette?*

En 1889, succédant au peintre Honer, Valton est devenu Président de la Société, avec, comme secrétaire, le sieur Contrepoids.

Fuller montre toujours ses *Épisodes de la vie du Far-West;* Alphonse Osbert envoie *La Brume du matin,* avec des vers touchants; du reste, aux divers Salons des Indépendants, on abusera des vers :

> *La nymphe nonchalante*
> *Et qui rêvait d'amour*
> *S'éveille frissonnante*
> *Sous les baisers du jour.*

Henri Rousseau est présent. Seurat expose trois paysages; Van Gogh, un paysage et un bouquet de fleurs; et, enfin, avec Signac, fidèle, c'est l'apparition de Toulouse-Lautrec, signalé par trois tableaux : *Bal du Moulin de la Galette, Portrait de M. Fourcade* et *Étude de Femme.*

Les catalogues de la Société sont toujours très minces, en ces années-là. En 1889 : 120 exposants.

En 1890, si un sieur François Broc présente quatre

tableaux : *Le chaos ; Non ; Le grand problème ; Oui ;* il y a Georges Seurat, avec *Le Chahut ; Jeune femme se poudrant ; Port-en-Bessin un dimanche ; Les Grues et la Percée ; Temps gris Grande-Jatte ; Paul Alexis et Paul Signac* (même cadre), etc., etc. ; — il y a Signac, avec neuf toiles de Cassis et de Portrieux ; — il y a Toulouse-Lautrec, avec *Le Dressage des Nouvelles, par Valentin le Désossé (Moulin-Rouge)* et *Portrait de M*lle *Dihau ;* il y a enfin Vincent Van Gogh, avec dix toiles : *Le Cyprès ; Paysage montagneux en Provence ; Rue à Saint-Rémy ; Les Alpines ; Promenade à Arles ; Mûrier en automne ; Sous-bois ; Lever de soleil en Provence ; Les Tournesols ; Verger d'oliviers en Provence.*

En l'année 1891, Lautrec envoie neuf toiles : *A la Mie ; Portrait du jovial M. Dihau ; En meublé ; Portrait de M. G. B. ; Étude ; En Meublé ; Portrait du docteur B. ; Portrait de M. L. P. ;* et *Truc for live ;* — et à la page 24 du catalogue, on lit ceci :

« *L'assemblée générale dans sa séance du 3 novembre 1890 a décidé pour honorer la mémoire de Dubois-Pillet, membre fondateur de la Société, décédé le 17 août 1890, de faire une exposition aussi complète que possible de ses œuvres.*

64 tableaux : Portraits, paysages, natures mortes, furent accrochés.

Seurat, lui, est représenté par cinq toiles : *Cirque ; Le chenal de Gravelines : Grand fort Philippe ; Le chenal de Gravelines : Direction de la mer ; Le chenal de Gravelines : Petit fort Philippe ; Le chenal de Gravelines : Un soir.*

Vincent Van Gogh, mort en août 1890, a — hommage posthume, — dix tableaux : *Cyprès*; *Rochers*; *Allée à Arles*; *Champs*; *Gerbes de blés*; *Roses*; *Lever de soleil*; *Résurrection*; *Abricotiers en fleurs* ; *Village* (*dernière esquisse*).

En 1892, on compta 261 exposants. François Broc montra : *Hier*; *Aujourd'hui*; *Demain*; *La Force*; *La Nuit*; *Le Jour*; *Le Droit*.

Le nommé Eljis Dufour offrant *Les feux follets* les fit suivre de ces vers attendrissants :

> *Un soir, j'avais douze ans à peine,*
> *Egaré, couvert de sueur,*
> *Je vois de loin cette lueur,*
> *C'est la lampe de ma marraine.*
> *Chez elle un gâteau m'attendant*
> *Je cours, je cours, l'âme ravie,*
> *Un berger me crie imprudent*
> *La lumière par toi suivie*
> *Eclaire un bal de trépassés,*
> *Ainsi devait s'user ma vie.*
> *Follets dansez, dansez, dansez !*

De son côté, Jean-Vital Guillot, présentant *Les sœurs ennemies*, écrit comme légende :

> « *Voir le discours de Thiers sur le sort de l'œuf*
> *de la République naissante.*
> *Son ombre jointe à celle de Lazare Carnot,*
> *célèbre organisateur, planent et regardent*
> *l'œuvre s'accomplir glorieusement !* »

Puis c'est Henri-Rousseau, avec six toiles, dont l'une désigne *Un centenaire de l'Indépendance*.

> « *Le peuple danse autour des deux Républiques,*

> *celle de 1792 et celle de 1892, se donnant la
> main sur l'air de «Auprès de ma blonde, qu'il
> fait bon, fait bon, fait bon, etc. »*

Georges Seurat, décédé en 1891, est représenté souverainement par 46 tableaux et dessins, presque tous prêtés par Madame Seurat et par des amateurs.

On put revoir, avec quel enthousiasme ! *La Baignade* (Salon de 1884) ; *Un dimanche à la Grande-Jatte* (1886) ; *Parade de Cirque* (1888) *Esquisse du « Chahut »* (1890) ; *Cirque* (1891) ; *La Seine à Courbevoie* (1885) ; *Le pont de Courbevoie* (1886) ; les paysages de *Grandcamp* (1885) ; ceux d'*Honfleur* (1886) ; ceux de *Port-en-Bessin* (1888) ; les paysages encore du *Crotoy* (1889) ; *Le chenal de Gravelines* (1890).

C'était cette même année que le peintre hollandais Toorop affichait un paysage : *Marée Haute*, œuvre sage à côté des peintures hallucinées qu'il devait réaliser par la suite.

Lautrec, lui, était représenté par : *La Goulue et sa sœur* ; *La Goulue entre deux tours de valse* ; *La Goulue entrant au Moulin-Rouge* ; *Celle qui se peigne*, nos 1 et 2 ; *Femme brune* et *Affiche pour le Moulin-Rouge* (2e état).

En 1893, le nombre des exposants augmentant on nomme une « commission de placement », dont le Président fut le peintre Eugène d'Argence.

Le peintre Alphonse Germain avait arboré ses *Essais de paysage psychique*, paysages intitulés : *Mélancolie, Sérénité, Rêverie vespérale !*

Henri-Rousseau était signalé par cinq tableaux ; Signac, par trois toiles, dont l'une s'intitulait :

Jeunes Provençales au puits; Lautrec, par quatre envois : *Un coin du Moulin de la Galette*; *Menu du dîner des Indépendants*; *Portrait de G.-H. Manuel*; *Portrait de M. Boileau*; — tandis que le peintre danois Willumsen inaugurait la peinture à explications. Je cite tout au long :

1310 « *Forme ornementale inspirée par ce marronnier dans toute la force de sa luxuriante verdure, l'ornementation se continue dans les anneaux de nacre que la pluie a formés sur le lac.*

« *Le cadre est sculpté de façon à faire suite, à la forme ornementale, les lignes des contours deviennent peu à peu parallèles aux lignes droites des bords extérieurs de l'encadrement.*

« *La partie au bas du tableau rouge et mouchetée de vert n'est qu'un contraste décoratif.*

1311 « *Image ornementale cherchant à produire un sentiment de pression dans la nature, que j'ai faite la même pour les nuages et les arbres qui se trouvent dans la montagne sur laquelle croissent des marronniers.*

« *Dans ce tableau, l'effet cherché par l'uniforme couleur verte est de lier les feuilles aux arbres et les arbres à la forêt.*

1312 « *Un nouveau né qui a encore sa forme embryonnaire* (en céramique).

En 1894, le Président de la Commission de placement est le peintre Goubot, tandis que Valton reste le Président de la Société.

La vieille Madame Agathe Doutreleau d'Amsinck, née au château de la Vieuville (Ille-et-Vilaine) et qui, aux diners d'autrefois des Indépendants (dont je parlerai plus loin) chantait de sa voix menue : « *Tout le long, le long du ruisseau!* » a envoyé : *La mendicité est interdite!* — et *Reine des prés et hirondelle!* et Fuller est là avec ses Indiens :

Les Trappeurs poursuivis par les Indiens et *Les indiens écoutent l'approche de l'ennemi!*

Henri-Rousseau a exposé : *La guerre!*

(*Elle passe effrayante, laissant partout le désespoir, les pleurs et la ruine*).

Lautrec est représenté par *Alfred la Guigne*.

1895. Le nombre des exposants se maintient stationnaire. Le peintre Goubot a été remplacé à la présidence de la Commission de placement par le paysagiste Pozier. D'ailleurs, cette Présidence changera de titulaire chaque année; et nous ne nommerons plus les Présidents successifs. Valton, lui, est toujours à la tête de la Société.

Signac, Lautrec sont les exposants notoires. Le peintre Trouillebert (le Corot des Petits-ménages) s'est fourvoyé dans ce Salon, avec huit toiles; *Portraits, paysages et Figures historiques.*

En 1896, le peintre Julien Hervé, qui n'avait été jusqu'alors qu'un vulgaire peintre, débute, en coup de tonnerre, comme Maître de l'Expressionnisme! Il exhibe : *Dédaigneuse, Mignonnette, Stupeur,* etc.! Henri-Rousseau lui tient tête avec dix tableaux : *Portraits et Paysages.*

1897. Henri-Rousseau, avec dix toiles; Paul Signac,

avec dix toiles et aquarelles; Lautrec, avec sept envois (huiles et lithographies), composent l'intérêt de ce Salon.

En 1898, on ne se dérange encore que pour le Maître de l'expressionnisme, Julien Hervé : *L'Avare*, *Déshonoré*, *Buveur d'absinthe*, *Portière!* — pour Henri-Rousseau (cinq toiles); — et pour Signac (cinq envois).

1899. Le nombre des exposants a diminué. Le catalogue est tout menu. 203 envois, pas un de plus. Mais le dieu est là : Paul Cézanne, avec deux *Natures mortes* et un *Paysage*.

Fuller fait « traverser un fleuve en Amérique à des « *Indiens fugitifs* »; Julien-Hervé affiche : *Pompette*; *Rôdeur*; *Décoré*; et Signac offre le *Port de Marseille*.

En 1900, 164 envois seulement.

En 1901, 1.012 envois, Paul Cézanne reparaît avec une *Nature morte* et un *Paysage*. James Ensor montre dix peintures et eaux-fortes : *La mangeuse d'huîtres*, *L'après-dîner à Ostende*, *Les masques scandalisés*, *Coquillages*, *Fleurs*, *Village de Maria-kerke*, *Hop-Frog* (eau-forte), etc.

Notre fidèle Julien-Hervé revient avec neuf toiles expressionnistes : *Libertaire*, *Pompette*, *Décoré* (encore!), *Rôdeur*, *Hargneux*, *Effronté!* etc., etc.

Mais le vif événement, ce sont les vastes, les immenses toiles apportées par le Comte Le Marcis, et qui représentent *Dante et Virgile aux enfers*; succession de 36 toiles d'un labeur énorme, déconcertant. Il faudra sept salles, pas une de moins, pour accrocher un tel envoi!

M. Henri-Matisse a offert d'honnêtes *croquis* et de sages *Natures mortes*. Ce sont également les débuts, aux Indépendants, de Charles Guérin, de Laprade, de Marquet et de Vuillard. Puy avait exposé en 1900, et Bonnard dès 1891, en même temps que Vallotton et Maurice Denis.

1902. On retrouve Bonnard, — Paul Cézanne (une *Nature morte* et deux *Paysages*), — Maurice Denis, — Charles Guérin, — Laprade, — Lautrec, — Marquet, — Manguin, — M. Henri-Matisse, — Puy, — Henri-Rousseau, — Signac, — Vallotton, — Vuillard.

En 1903, on compte 2.462 envois. Il y a de nombreux nouveaux venus. Mais la vieille garde demeure : Julien-Hervé, Henri-Rousseau, Cross, Angrand, Henri Jaudin, Luce, Petitjean, Signac, Valton, etc.

En 1904, 2.395 envois. Van Dongen montre des paysages de Hollande et de Montmartre.

1905. C'est le commencement de la cohue. 4.269 envois. Mais il y a deux spectacles considérables : les expositions rétrospectives Georges Seurat et Vincent Van Gogh. Voici les deux nomenclatures complètes des tableaux exposés :

Serre B

(Aval-Alma)

Exposition rétrospective

GEORGES SEURAT

(1859-1891)

Collection Emile Seurat.

1 — Le Crotoy (1889).

Collection Léon Appert.

2 — Etude pour « Un Dimanche à la Grande-Jatte ».
3 — Le chenal de Gravelines, grand Fort Philippe.

Collection Félix Fénéon.

4 — La Baignade — Asnières (1883-1884).
5 — Esquisse d' « Un Dimanche à la Grande-Jatte ».
6 — Jeune fille au parasol, dessin pour « Un Dimanche à la Grande-Jatte ».
7 — L'Enfant blanc, dessin pour « Un Dimanche à la Grande-Jatte ».
8 — La Nounou, dessin pour « Un Dimanche à la Grande-Jatte ».
9 — Groupe, dessin pour « Un Dimanche à la Grande-Jatte ».
10 — Le Singe, dessin pour « Un Dimanche à la Grande-Jatte ».
11 — Étude pour « Les Poseuses » (1886-1887) — La Poseuse de face.
12 — Étude pour « Les Poseuses » (1886-1887) — La Poseuse de profil.
13 — Les Banquistes (pastel).
14 — Étude : L'échouage de Grandcamp.
15 — Étude : Le Mouillage de Grandcamp.
16 — Étude : Pont Bineau.
17 — Étude : Seine à Courbevoie.

Collection Edmond Cousturier.

18 — Un Dimanche à la Grande-Jatte (1884-1886).
19 — Étude pour « Un Dimanche à la Grande-Jatte » (1885).

       LES INDÉPENDANTS

Collection *Paul Signac*.

20 — Le Cirque (1891, inachevé).
21 — La Seine à Courbevoie (1885).
22 — Petite esquisse de « Les Poseuses » (1887).
23 — Petite esquisse d' « Un Dimanche à la Grande-
       Jatte » (1885).
24 — Étude : Grandcamp (1885).
25 — Étude : Gravelines (1890).
26 — Banquistes (pastel).
27 — Dîneur (dessin).
28 — Dos (dessin).
29 — Banquistes (dessin).
30 — Banquistes (dessin).
31 — Banquistes (dessin).
32 — L'échafaudage (dessin).
33 — La Bonne (dessin).
34 — Sous le pont (dessin).
35 — La Seine.

Collection *Émile Verhaeren*.

36 — Honfleur (1886) : Coin de bassin.
37 — Honfleur (1886) : L'Hospice et le Phare.

Collection *Théo Van Rysselberghe*.

38 — Port-en-Bessin (1888) : Marée basse.
39 — Le Chenal de Gravelines (1890) : Un soir.

Collection *Braun*.

40 — Le chenal de Gravelines (1890) : Direction de
       la mer.

Collection Alexandre Séon.

41 — Temps gris à la Grande-Jatte (1888).

Collection Bru.

42 — Portrait (dessin).

Collection Maximilien Luce.

43 — Étude : Gravelines (1890).

Collection Charles Saunier.

44 — Étude pour : « Un Dimanche à la Grande-Jatte ».

Serre A
(Amont-Invalides).
Exposition rétrospective.

VINCENT VAN GOGH
(1853-1890).

Collection Aghion.

1 — Les buveurs (peinture).

Collection Blot.

2 — Fleurs (peinture).
3 — Nature morte (peinture).
4 — Roses trémières (peinture).
5 — Dessin.

Collection Comte Antoine de la Rochefoucauld.

6 — Portrait de Van Gogh blessé (peinture).
7 — La Berceuse (peinture).
8 — Soleils (peinture).

Collection Christian Cherfils.

9 — Les Bateaux (peinture).
10 — Portrait à l'estampe japonaise (peinture).

Collection Maurice Fabre.

11 — Halte de forains (peinture).
12 — Cueillette des olives (peinture).
13 — Le facteur (sur fond jaune) (peinture).
14 — La ronde des prisonniers (peinture).

Collection Fayet.

15 — Portrait de Van Gogh, dit de l'Homme à la
    pipe (peinture).
16 — Le jardin de Daubigny au printemps (peinture).
17 — Les chardons (peinture).

Collection Dr Gachet.

18 — Les deux sœurs. Auvers 1889 (peinture).
19 — Portrait du Dr Gachet (P. Van Ryssel, des
    Indépendants, Auvers 1889 (peinture).
20 — Portrait de Van Gogh, Auvers 1889 (peinture).
21 — Chaumes du Montcel, Auvers 1889 (peinture).
22 — Inspiré du tableau de Mme Demont-Breton
    « L'homme est en mer » (peinture).
23 — Les Vessenots, Auvers 1889 (Dessin à la mine
    de plomb et à la plume de roseau).
24 — Dessins faits à Auvers 1889.
25 — Dessin fait à Auvers 1889.
26 — L'homme à la pipe (eau forte unique de
    Van Gogh, Auvers 1889).

Collection Frantz Jourdain.

27 — Fleurs (peinture).
28 — Glaneuses (dessin).

Collection Henri-Matisse.

29 — L'Homme au chapeau de paille (dessin).
30 — Moissonneurs (dessin).
31 — Moissonneurs (dessin).

Collection Octave Mirbeau.

32 — Les Iris (peinture).

Collection A. Rodin.

33 — Portrait de M. Tanguy (peinture).
34 — Paysage (peinture).
35 — Paysage (peinture).

Collection Amédée Schuffenecker.

36 — La route de Provence, nuit étoilée (peinture).
37 — Le ravin d'Arles (peinture).
38 — La nourrice et le bébé (peinture).
39 — La berceuse (peinture).
40 — Le postier hollandais (peinture).
41 — La cuisinière hollandaise (peinture).
42 — Les moissonneurs (peinture).

Collection Paul Signac.

43 — Harengs saurs (peinture).

Collection Vallotton.

44. — Nature morte, pommes (peinture).

Collection Viaud.

45 — Vue de Montmartre (peinture).

***

En 1906, 5.552 envois viennent encore s'entasser dans les Serres de la Ville de Paris, au Cours-la-Reine. Aux peintres français se sont joints de nombreux peintres étrangers : Allemands, Autrichiens, Danois, Suisses, Suédois, Russes, Groënlandais et Papous.

En 1907 : 5.406 envois.

En 1908 : 6.701 envois.

En 1909 : 1.703 envois.

Le vice-président Paul Signac remplace Valton à la Présidence du Comité.

En 1910 : 5.669 envois.

En 1911 : 6.745 envois.

On organise une exposition rétrospective du bon père Valton, décédé en 1910. 84 toiles, aquarelles et dessins. Des *Figures*, des *Paysages*, des *Natures mortes*, des *Projets de décoration*, etc., etc.

En 1912 : 3.562 envois.

En 1913 : 3.368 envois.

Enfin, en 1914 : 3.626 envois.

Pendant les années de la guerre, il n'y eut aucune exposition régulière des Indépendants.

L'exposition qui eut lieu, en janvier-février 1920, marqua la reprise des expositions annuelles des Indépendants. Notre livre s'arrête au seuil de cette 31e exposition.

*
* *

Avant la guerre, l'admission aux Salons avait lieu sans présentation. La cotisation était de 1 fr. 25 par mois ; et le droit d'exposition était fixé à 10 francs. Le nombre des toiles à envoyer variait de 4 à 10, selon le local.

Les frais d'installation et de fonctionnement des Expositions (baraquement, installation intérieure, publicité, personnel) s'élevaient à peu près à 50.000 fr.

Les recettes (entrées, cotisations, 5 0/0 sur les ventes, on vendait de 50.000 à 75.000 francs de tableaux), produisaient environ 60.000 francs.

La guerre emporta avec elle le petit capital d'une vingtaine de mille francs que la Société avait constitué.

*
* *

Si l'on veut bien maintenant jeter les yeux, à la fin de ce livre, sur le chapitre réservé aux emplacements successifs des Salons des Indépendants, on se rendra compte que cette Société d'artistes ne fut presque jamais, on peut le dire, dans un local bien à elle.

Essentiellement nomade, on la vit errer des Tuileries aux Invalides, en passant par le Palais de Glace et la rue du Colisée. Ne la plaignons pas ! C'était cela qui était partie de son vrai caractère.

Son vrai caractère !... Ah! aujourd'hui, elle n'a plus grand chose à perdre, l'ancienne vaillante Société des Indépendants, pour devenir tout à fait officielle!

Du jour, en effet, qu'elle laissa le bon Dujardin-Beaumetz faire chez elle des achats pour l'Etat, et y apporter des palmes académiques, ce fut la fin ! La fin que consommèrent bientôt la plupart des nouveaux venus et des exposants étrangers, avec leur mentalité de besaciers.

Autrefois, au contraire, les Indépendants étaient bien ignorés du monde officiel. Seul, le président Carnot les visitait, payant sa place au tourniquet, et se dérobant aux saluts des Invalides qui tenaient, en ce temps-là, les emplois de gardiens.

Je sais bien que cette année 1920, dure année d'après guerre, ne permit pas de construire des baraquements, même le prix de la cotisation et le droit d'exposition devenant fort élevés; mais, cependant, que l'on se range le moins possible aux côtés des autres Salons; ou alors que le Comité supprime purement et simplement la Société des Indépendants. Ce serait, après tout, la foi étant morte à présent, une belle fin !

*
* *

Rappelons-nous les anciens dîners des Indépendants, quand le père Valton, et Luce, et beaucoup d'autres, entonnaient, chacun sa chanson. Je ne suis pas un nationaliste à tous crins, — encore qu'il y ait des revanches joliment acceptables! — mais, tout de même, je tiens certains peintres étrangers, pour de simples mufles! L'admirable Mirbeau fut assurément très gentil en écrivant que ces gens-là

sont toujours courtois, désintéressés et magna-
nimes ; mais pourtant il fut quelquefois d'une
jobarderie qui dépasse tout !... En particulier,
demandez aux anciens Indépendants si, avant la
guerre, la Société n'a pas eu un ramassis de
métèques agités et vaniteux, et — je l'avoue aussi
— une cohue de ratés des Salons officiels ; mais ça,
c'est encore la faute à Dujardin-Beaumetz ! Car ce
fut lui — et pas un autre ! — qui attira ces derniers
en leur criant : « J'achète, pour l'Etat, toute la toile,
au plus haut prix ! »

*
* *

Car, vraiment, quel préférable cas quand c'étaient
les marchands Thomas et Le Barc de Boutteville qui
achetaient !

Le père Thomas fut celui qui, installé alors au
Boulevard Malesherbes, proposa le premier les toiles
des Indépendants. Puis ce fut le tour de Le Barc de
Boutteville !

Le Barc de Boutteville ! Que de souvenirs évoque
le nom de ce bon marchand, ce nom plutôt de gen-
tilhomme bretteur au temps de Louis XIII, alors que
le père Le Barc était un brave homme, très pacifique,
prenant le train tous les soirs pour s'en retourner
à Pierrefitte, où il vivait de courtes rentes gagnées
dans le commerce des vieux tableaux.

Comment était-il venu à la Peinture ultra-moderne,
à la peinture des Indépendants ? C'était Paul Vogler
— un peintre aujourd'hui bien désaxé ! — qui avait

mis en tête du père Le Barc de ne vendre pour finir que de la peinture moderne. Vogler pensait ainsi placer commodément ses tableaux, en admettant à peine, de temps en temps, à côté de lui, des jeunes peintres à peine sortis de l'École. Mais il avait compté sans l'ardeur des Bonnard, des Vuillard, des Lautrec et de tous ceux, très nombreux, qui étaient plus forts que lui. Vogler fut débordé; et le père Le Barc ne présenta même jamais ses tableaux au public; tandis qu'il fit, coup sur coup, des expositions de la fleur, de l'écumage, si je puis ainsi dire, des Indépendants.

Et le pauvre père Le Barc y avait un réel mérite; car, jusqu'à sa mort, il ne comprit rien aux choses, affolantes pour lui, qu'on lui apportait. Souvent, je l'ai surpris, gai, replet, dans son arrière-boutique, où il s'amusait, avec un coton, à dévernir un vieux « truc », un vieux tableau; c'était resté sa passion! Je le vois encore me demandant ce que je pensais vraiment de tout cela, de toute cette jeune peinture; et, assis, il écoutait avec angoisse ma réponse. Je souriais, et je l'encourageais, en ne quittant pas des yeux une décoration qu'il portait; et dont je n'ai jamais su la valeur; car ça tenait de la roulette de Monaco et de je ne sais quelle combinaison de deux ou trois rosettes étrangères!

Paris, bien entendu, se tordait devant les expositions du père Le Barc. Avec des tableaux prêtés par Tanguy, il présenta un jour Van Gogh; ce fut une explosion de rires. Le peintre danois Willumsen, que j'ai déjà cité, lui donna aussi l'occasion d'une de

ces expositions étonnantes, qui amusaient longuement les amateurs. Pauvre père Le Barc, il
avait pourtant pensé à tout. Sur un panneau de sa
boutique, n'avait-il pas fait peindre, pour qu'on les
connût d'avance, les noms des peintres de *sa maison*?
Et il l'appelait, sa maison, l' « Exposition des peintres
indépendants et symbolistes. »

*
* *

Pour terminer ce chapitre, je dois mentionner
que la Société des Indépendants fut deux fois en
péril.

Une première fois, ce fut avant l'exposition de 1900.
Pour essayer de trouver de l'argent à tout prix, on
décida qu'on enverrait des tableaux à l'Hôtel des
Ventes. Hélas! le résultat fut pitoyable. Une toile de
Seurat monta à peine à 27 francs!

La seconde fois, ce fut en l'année 1901, la Société
était à peine convalescente. Le comte Le Marcis,
pour aider à placer ses vastes toiles (*Dante et Virgile
aux enfers*) donna alors généreusement 2.000 francs,
qui sauvèrent définitivement la Société.

Tendances, groupements
et brefs commentaires consacrés
aux seuls exposants dont on a
retenu ou acclamé les noms

Comme à l'exception de cinq ou six peintres, toute la jeune Peinture (peintres de vingt à soixante-cinq ans) vient directement de Cézanne et des Impressionnistes ; comme, à l'heure actuelle, on ne voit pas le jeune génie que l'on pourra un jour confronter avec Cézanne et avec Renoir ; comme il faut encore dix ans, quinze ans, vingt ans peut-être pour instaurer une peinture nouvelle ; il est de toute nécessité de grouper par tendances, un peu artificiellement sans doute, les jeunes peintres qui, à l'heure actuelle, il faut bien le dire, clament, éperdûment, chacun sa bonne parole, mais sans pouvoir se débarrasser complètement de la lourde chappe de Cézanne et de l'Impressionnisme.

Et, bien entendu, nous suivrons rigoureusement

pour les nomenclatures, l'ordre alphabétique ; — cette unique et merveilleuse panacée contre les accès épileptiques toujours à redouter de la part des huiliers, officiels ou indépendants.

——————

Tout d'abord, présentons :

Deux vieux Maîtres qui exposèrent aux Salons des Indépendants

CÉZANNE

Pour Cézanne, la peinture devait être *couillarde* ; et la sienne l'est absolument.

En cessant de hanter les jardins de Rubens, de Delacroix et de Courbet, il devient un féroce « maçonnier », établissant à furieux coups de spatule de solides plans, qu'il écrase rageusement et qu'il râcle dès que l'œuvre lui semble débile. Alors il se rejette sur son outil, et il entre maintenant à coups de poing dans la toile. Là-dedans, des bleus, des vermillons, des jaunes, des verts composent de puissantes harmonies et d'étranges sonorités. On n'a pas encore vu un tel chaos enragé de tons ; et cela est si âpre qu'aux premiers tableaux, *l'élite,* déséquilibrée, s'égaye. Pourtant, c'est déjà splendide et, d'un coup, d'une définitive originalité.

Un excès de sensibilité encore invu, une folie de peindre jamais départie à un humain, et voici Cézanne plantant des compotiers et des pommes, des litres et des cruches, des maisons et des arbres, des crânes et des torses, tout ce qui vit dans le silence, tout ce qui croît, tout ce qui se confronte dans la lumière et dans l'ombre. C'est, dans le mépris déjà total des autres peintres, une telle emphase de suprématie que tout à côté est vain, que tout glisse à la miniature et s'effondre.

Cézanne continue son labeur. Il interprète le monde. Le monde, nous ne l'avions pas vu, nous, au travers de la vermine des anecdotes et de l'incroyable gageure des virtuoses. Les musées nous avaient pourris jusqu'aux moelles; à des écoles avaient succédé des écoles; on s'écroulait sous l'amas d'inextinguibles redites; on nourrissait la haine innée du neuf, de l'apport encore insoupçonné d'un homme abandonnant enfin les vieilles recettes pour découvrir de lumineuses vérités et d'extraordinaires beautés.

Cézanne, comme un fou, s'acharne. Il crée des portraits, des nus, des natures mortes, des paysages. Il crée trop abondamment pour réaliser chaque fois une œuvre de longue durée à travers le temps. Il lui vient la volonté d'être lent sur son effort, pour l'acheminer plus loin. Au maçonnage, il substitue la peinture des tons sur tons et des tons juxtaposés, sans épaisseur. L'aube se lève, il est déjà au pied de l'œuvre à interpréter. Le soleil monte à l'horizon ; et, lui, Cézanne, le bon ouvrier, il guette la sève de la vie qu'il voit sourdre des entrailles profondes de la terre. Et il adore la route, les terrains rouges, les arbres dont les plus légers rameaux frémissent en un hosanna de résurrection.

Pour la première fois, un peintre qui est déjà une sorte de roi parmi les peintres, ajoute son âme à l'âme des choses. Ah ! qu'il convient donc de la chérir, enfin, la nature, d'un amour inapaisable, et de suivre touche à touche l'agencement de sa vie organisée ! A-t-elle été assez polluée, en effet, par les prestes « pigeurs de motifs », par toute une horde qui l'a débitée en tronçons de paysages, en arrangements de décors, le tout assaisonné à l'essence ou marinant dans des bains d'huile ! A-t-elle, jusqu'à ce jour, été assez malmenée, la splendide Terre, qui, aux quatre saisons, offre pourtant, sans trêve, le puissant enchantement de ses incantations !

Avec Cézanne, tout est révolu. Ce parfait magicien dévoile les plus mystérieux apprêts des roches et des arbrisseaux, des maisons et des collines. Grave et mystique, il crée solitairement ; et il n'a nul besoin de notre admiration à l'instant même ; il lègue aux âges futurs son œuvre, les témoignages de sa probité patiente et volontaire.

Il est farouche, et il va être honni ; c'est qu'il haït les autres hommes, et qu'il n'attend rien d'eux. Pour créer sa peinture, il faut qu'il soit un silencieux et irritable ermite, n'ayant de colère à passer que

sur ses toiles ou sur son chevalet dressé en pleine
nature comme un appareil de supplice. Plus tard,
le regardera-t-on peindre, il sera comme pris au
piège ; et il se débattra en lançant des jurons. C'est
que chaque touche lui cause une véritable angoisse
et attire parfois à son visage rutilant, à son front
chauve, le sang de la congestion. Il est courroucé
quand il peint. Cet homme lourd et maladroit
enfante ses chefs-d'œuvre en rugissant.

N'importe, combien sortent de ses mains aussi
purs, aussi profonds, aussi porteurs de beauté que
s'ils avaient été engendrés dans la joie ! Et, devant
tels de ses paysages, par exemple, n'avez-vous point
compris que Cézanne a, lui aussi, peu à peu arraché
la vie aux arbres, aux ondes, aux roches, aux maisons, pour la transfuser dans ses peintures, dans les
arbres, dans les ondes, dans les roches et dans les
maisons, recréés par lui, dans le plus persévérant, le
plus raisonnable et le plus pénétrant amour qui ait
jamais gonflé le cœur d'un homme ?

GUILLAUMIN

Il est toujours parmi nous.

Vers la fin des années, on peut le voir apparaître,
rapportant de Crozant une copieuse moisson de
peintures et de pastels. Et voilà les ondes, les collines qu'il nous a fait aimer. Je ne sais pas s'il connaît
par le détail géologique — ce qu'exigeait Ruskin ! —
tous les entours de Crozant ; je ne sais même pas si,

dans ses paysages, Guillaumin chante trop obstiné-
ment sa chanson violette, verte et rouge, mais ce
que je sais bien c'est que tout lui est familier à
Crozant, et, que, en quelque lieu qu'il aille, les
ondes, les collines et les arbres sont ses amis.

Voici encore un matineux, à cause de la rosée
argentée qui se dilue si vite dès que le soleil luit. Et
je m'imagine Guillaumin alors à l'affût, mince, sec,
tel un cep de vigne, et les pieds dans ces insolites
sabots en paille tressée, à semelles de liège, et
parés de fourrure, qui furent copiés depuis. D'ailleurs, on envie tout de Guillaumin. Sa modestie, sa
simplicité ! Avoir peint tout ce qu'il a peint, et ne pas
se glorifier à tout moment de sa tâche, il y a là de
quoi ahurir un innocent catéchumène qui bâille à la
foire aux peintres, et qui n'entend presque partout
que des sauvages hurlant des recettes, vociférant
des procédés, imposant à coups de gueule d'indigentes découvertes en des peintures éreintées et
lâches.

Quelquefois on demande à Guillaumin de replan-
ter son chevalet à Paris et de peindre d'autres fois
le Fleuve, les bateaux-mouches et toutes ces petites
« quilles » mouvementées qu'il jetait si bien à
l'assaut des pontons. Comme s'il n'y avait pas assez
de peintres pour cette tâche-là ! On commence par
Paris et l'on finit par la Province où, en tas, il y a
moins d'imbéciles. Et puis, n'est-ce pas, Guillaumin ?
des imbéciles, il n'y en a même pas à Crozant. Vous
êtes le Peintre là-bas, comme il y a le Notaire, le
Médecin et le Vétérinaire. Alors on vous respecte

dans votre métier; et l'on sait bien qu'il n'y en a pas un pour vous faire la pige en matière d'ondes, d'arbres et de collines!

Oui, vous les réalisez, à votre manière, ces offrandes de la Terre.

Dans le camp des Impressionnistes, vous vous êtes bâti une cabane bien à vous; et quand les ondes, les arbres et les collines veulent être aimés d'une certaine façon, c'est vers chez vous qu'on les voit se diriger. Ces merveilleuses choses de la Terre sont assurées de trouver la belle toile toute prête, et, tout autour, les jaunes, les bleus, les verts, les rouges, que vous avez déjà disposés en cortège de procession.

De très loin, aussi, Guillaumin, les jeunes peintres vont vers vous. Oh! je n'entends pas les cubistes. Ceux-ci s'accrochent aux basques de Cézanne, et le vieux maître, comme un sanglier bourru et mal embouché, se secoue de temps en temps pour f....., c..... par dessus tête la cohue qu'entraîne Picasso.

Mais il y a d'autres jeunes peintres, les jeunes peintres qui aiment tout bonnement chanter, se gargariser des couleurs comme on le fait des notes, et qui n'en sont pas encore au charabia scientifique, à l'exégèse des formes, à la construction super-géométrique des plans, aux trouvailles de la perspective sentimentale, aux conflits picturaux et à l'arrangement des panoplies.

Et vous, Guillaumin, vous restez le plus jeune de ces jeunes peintres. Votre sortilège, c'est d'aimer, comme au premier jour, tout ce que le Soleil fait de la Terre dès qu'il l'étreint. Vous êtes le guetteur des premières lueurs, quand elles rampent et quand elles s'accrochent à tout ce qui se hérisse et se dresse ; mais n'avez-vous pas également, certaines fois, attendu avec une patience enchantée le lever de l'astre mort, croissant ou pleine roue d'un char, que déjà, jadis, du haut de leurs inaccessibles tours, les Assyriens espéraient, dans une indicible épouvante ?

Et c'est ce témoin-là de toute la vie de la Terre que vous restez, au printemps, au feu de l'été, aux nostalgies des pénétrants automnes. Votre œuvre, maintenant, est le compendium de toute l'histoire terrestre.

Vous même, peut-être, ne savez-vous plus le jalonnement exact de votre passion. Vous avez peint sans trop vous demander où cela vous entraînerait ; et il vous serait vraisemblablement impossible de dénombrer les paysages auprès desquels vous vous êtes assis, chaque jour plus aimant, et chaque jour plus tendre. C'est vous qui auriez le droit d'adresser l'invocation aux ondes, aux arbres et aux collines, alors que tant de poètes de la Ville s'essoufflent, le cœur décroché, à en chanter les noces !

Vous créez de la gaîté, de la lumière ! Vous êtes spontané, vous êtes une manière de jeune peintre éternel, si Claude Monet est un plus patient tapissier et Renoir un enchanteur qui radote un peu. Vous vous en tenez à Crozant, comme Corot s'en tenait à Ville-d'Avray et Cézanne à Aix.

Certains peintres vous diront de même qu'ils n'ont peint que leur femme, et jamais une autre. A

GUILLAUMIN

force de regarder, on découvre, on creuse en profondeur. Je suis sûr que, maintenant, vous aimez
davantage vos paysages. Vous les possédez d'une
façon plus... virile, selon le mot de votre ami
Cézanne. Quand on les revoit d'ensemble, un petit
ensemble, bien entendu! — dans votre appartement
de la rue Servandoni, on dose l'afflux de l'ardente
sève qui a durci les fûts des arbres et redressé leurs
feuilles en panaches. On voit des ondes bondir de
pierre en pierre ou, mollement, s'étaler, lourdes
de reflets. On voit des petites cabanes aux toits de
velours, — des genêts jaunes et bombés comme des
catafalques, — des collines qui s'infléchissent comme
une poitrine respire; et, à votre façon, Guillaumin,
vous êtes un vieux Faune, qui, s'il ne court plus
après les Nymphes, aime toujours d'une persistante
tendresse les halliers et les rivières qui furent si
souvent les témoins de ses priapées, au temps puissant de l'âge d'amour.

L'autre jour, parce que j'insistais beaucoup, vous
m'avez parlé de vos débuts à l'Académie Suisse, et
du temps où, en compagnie de Cézanne, vous alliez
peindre les arbres de l'ancien parc d'Issy-les-Moulineaux. En ce temps-là, n'est-ce pas, tous deux
vous dessiniez avec entêtement, « serrant » de près
la nature, rêvant de « recommencer le Poussin »
avec une vision de votre époque ?

Maintenant, savez-vous que toute cette conscience-
là a été remplacée par le toupet des tachistes, par
les ratés, les plagiaires de plagiats, par le stylisé
et par le filé ? C'est pourquoi tant d'expositions de

peintres, sans répit, abondent, alors qu'il est si doux,
par ces jours de gel, de rester chez soi, — ou, bonnement, comme vous, Guillaumin, de s'en retourner
à Crozant.

Les Néo-Impressionnistes

Pour connaître parfaitement la technique néo-impressionniste, il convient de lire tout au long la curieuse brochure — épuisée maintenant — de Paul Signac ; brochure qui s'intitule : *D'Eugène Delacroix au Néo-Impressionnisme*, et qui explique la théorie de la *touche divisée*.

« Les peintres néo-impressionnistes (a résumé Paul Signac) sont ceux qui ont instauré et, depuis 1886, développé la technique dite de la *division* en employant comme mode d'expression le mélange optique des tons et des teintes.

« Ces peintres, respectueux des lois permanentes de l'art, le rythme, la mesure, le contraste, ont été amenés à cette technique par leur désir d'atteindre un maximum de luminosité, de coloration et d'harmonie, qu'il ne leur semble possible d'obtenir par aucun autre mode d'expression..... »

« Croire que les néo-impressionnistes sont des peintres qui couvrent leurs toiles de *petits points multicolores* est une erreur assez répandue. Ce médiocre procédé du point n'a rien de commun avec l'esthétique des néo-impressionnistes, ni avec la technique de la *division* qu'ils emploient.

« Le néo-impressionniste ne pointille pas, mais *divise*.

« Or, *diviser*, c'est :

« S'assurer tous les bénéfices de la luminosité, de la coloration et de l'harmonie, par :

1° Le mélange optique de pigments uniquement purs (toutes les teintes du prisme et tous leurs tons);

2° La séparation des divers éléments (couleur locale, couleur d'éclairage, leurs réactions, etc...);

3° L'équilibre de ces éléments et leur proportion (selon les lois du contraste, de la dégradation et de l'irradiation);

4° Le choix d'une touche proportionnée à la dimension du tableau. »

« C'est en 1886, à la dernière des expositions du groupe impressionniste, que, pour la première fois, apparaissaient des œuvres peintes uniquement avec des teintes pures, séparées, équilibrées, et se mélangeant optiquement, selon une méthode raisonnée.

« Georges Seurat, qui fut l'instaurateur de ce progrès, montrait là le premier tableau *divisé*, toile décisive qui témoignait d'ailleurs des plus rares qualités de peintre, *Un Dimanche à la Grande-Jatte;*

et, groupés autour de lui, Camille Pissarro, son fils Lucien Pissarro et Paul Signac exposaient aussi des toiles peintes selon une technique à peu près semblable.)

. . . .
. . . .

« Si ces peintres, que spécialiserait mieux l'épithète *chromo-luminaristes*, ont adopté ce nom de *Néo-impressionnistes*, ce ne fut pas pour flagorner le succès (les impressionnistes étaient encore en pleine lutte), mais pour rendre hommage à l'effort des précurseurs et marquer, sous la divergence des procédés, la communauté du but : *La lumière et la couleur*. C'est dans ce sens que doit être entendu ce mot *néo-impressionnistes*, car la technique qu'emploient ces peintres n'a rien d'impressionniste : autant celle de leurs devanciers est d'instinct et d'instantanéité, autant la leur est de réflexion et de permanence. »

. . . .
. . . .

Et, après maints judicieux chapitres, pleins de réflexions et de constatations savantes, Paul Signac formule ainsi l'apport du néo-Impressionnisme, succédant à Delacroix et à l'Impressionnisme :

« *Le néo-Impressionnisme, par la suppression de tout mélange sali, par l'emploi exclusif du mélange optique des couleurs pures, par une division méthodique et l'observation de la théorie scientifique des couleurs, garantit un maximum de luminosité, de coloration et d'harmonie, qui n'avait pas encore été atteint.* »

Vous êtes orfèvre, M. Signac ?...

Soit !

Passons alors en revue quelques noms de néo-Impressionnistes connus, exposants d'hier ou d'aujourd'hui aux Salons des Indépendants :

ANGRAND. — Angrand est une sorte de grognard des premières mises en ligne des Indépendants. Dès la fondation de la société, il apparut, honnête, probe, entraînant derrière lui tous les animaux de la ferme : les chiens, les chèvres, les vaches, les chevaux, les cochons, le fermier et la fermière. C'est qu'après avoir vécu peu ou prou à Paris, il était reparti pour Saint-Laurent-en-Caux ou pour Criquetot-en-Caux ; et c'est de là que chaque Salon put, grâce à lui, montrer à son étal, des laitages recommandables, de doux fromages, des crèmes savoureuses et de réjouissantes moissons ; alors que les autres peintres fournissaient les venaisons et les faisandages par quoi se recommande aussi toute maison notoire.

Et Angrand est un fournisseur d'attaque. Il dessine et il peint, son sillon bien droit. Il n'enrubanne pas les animaux ; il les met au contraire à nu. C'est un bon bougre qui connaît comme pas un l'arche de Noë. Aussi toutes les bêtes, à son approche, continuent leur tâche : le chat maraude, le chien s'épuce, l'âne fanfaronne. C'est beau d'être ainsi le génie familier de la ferme. On ne tombe pas dans l'anecdote, dans la ridicule jobarderie des animaliers ordinaires. Le cochon a son groin toucheur de financier ; la chèvre, sa barbiche de duègne dramatique. Ces autres animaux qu'on appelle les Parisiens, ne se doutent assurément pas combien les bêtes sont captivantes, drolatiques, avisées et ingénues. L'œuvre d'Angrand apporte la pleine réalisation de ces désirs heureux : revivre les vacances à la ferme, revivre toutes les joies des champs, tous les sûrs plaisirs que

l'on a à contempler l'escadre des canards, la pacifique
existence des poules, la lourde somnolence des vaches,
et, comme Angrand sait que « l'homme ne voit jamais
l'homme sans plaisir », il nous donne aussi à regarder
des enfants, des ménagères, des scieurs de bûches et
des faces particulières de paysans, qui tiennent délecta-
blement du putois, de la fouine et du rat.

COUSTURIER. — Mme Lucie Cousturier n'est certes pas
la cantinière de la Société des Artistes indépendants,
mais elle est quelque chose comme cela ; je veux énoncer
que, depuis la première année où elle exposa, elle fut
toujours fidèle au poste, toujours présente toutes les
années suivantes. Natures mortes, fleurs, paysages,
intérieurs, figures décoratives, portraits, on la retrou-
vait toujours.

Entre temps, Mme Cousturier publiait aussi sur l'Art
des articles clairvoyants. Mais elle n'est pas pour cela
un bas-bleu, elle est surtout peintre ; elle est même néo-
impressionniste, ce qui est un excellent moyen de savoir
en somme comment commencer un tableau et le finir.

Mme Cousturier, je le répète, est certes quelque
chose de mieux que la vivandière de la phalange néo-
impressionniste ; elle en est surtout le charme et la
grâce. Elle peint des fleurs très vibrantes et des nus
qui sont exquis de souplesse et de distinction. J'ai, tous
les jours, sous les yeux, un petit nu (*Femme vue de dos*),
où les plus adorables tons se poursuivent et s'accordent
dans le creux du dos, aux omoplates, et aux fossettes
des fesses.

On n'accorde pas à Mme Cousturier l'éloge qu'elle
mérite. A elle aussi, il conviendrait de donner les
louanges qu'elle offre si volontiers à ses camarades.
Quand la fête tapage sur la Place, chevaux de bois, tirs
et tournevires, si certains peintres se dressent orgueil-
leusement sur les chevaux cabrés, je demande qu'on
réserve à Mme Cousturier dans un petit carrosse doré,

qui tourne aussi, la jolie place à laquelle elle a droit par
son talent raffiné, délicat, et tout fleuri de plaisantes
nuances.

H.-E. CROSS. — Une fois néo-impressionniste, Cross s'en
tint frénétiquement à cette manière de peindre ; et, pour
être plus sûr d'avoir toujours de la lumière, il s'en alla
dans le Midi : Nice, Monaco, Eze, la Turbie.

Peu à peu, il serra son procédé ; il le boucla d'un
cran après un autre cran ; il le fit sec, précis ; il ne se
permit le poudroiement, l'exaltation du pigment coloré,
qu'après avoir établi des contours presque rigides et
durs.

Il peignit de la même manière des nus qu'il logea
dans des arbres, qu'il plaça sur des bords de plages,
qu'il fixa dans des intérieurs aussi clairs que le plein
air.

Somme toute, comme pour la plupart des peintres,
il faut nettement choisir dans son œuvre. Cross eut
souvent des réussites décoratives sur des toiles de
chevalet ; mais, dans ses grandes décorations, il bute
lourdement, et ses Figures ne savent où se caser, se
logent, je l'ai énoncé, sur des branches ; se suspendent
par un bras, les jambes pendantes ; ou, au bord de la
mer, essayent de s'essuyer avec un linge en tôle
d'acier.

Lui, aussi, fut un régulier des Salons des Indépendants. Il fut de la phalange héroïque, quelque chose
comme le porte-étendard, avec, à ses côtés, Luce et
Angrand. Mais porte-étendard qui laissait le drapeau
chez le colonel Paul Signac ; et qui le venait reprendre
quand sonnait l'heure du ralliement dans les baraquements légendaires. Même un an après sa mort, Cross
exposait encore. Des paysages proclamaient toujours sa
foi, son culte du néo-impressionnisme.

PHOTO-E. DRUET

LE CHAHUT

DUBOIS-PILLET. — « Ce qui fait le mieux du pointillisme, c'est du bois pilé ! » disait Degas-la-Rosse.

Tout de même, quelle brave figure que celle de ce capitaine de la garde républicaine, Pandore à ses heures, et, à d'autres heures, peintre ! et quel peintre ! Songez qu'il laissa une œuvre considérable — et que lui, vraiment, *pointilla !*

Et ce ne fut pas tout. Car ce Pandore se doublait d'un notaire parfait. Ce fut lui, avec l'active collaboration de M. Henri Jaudin, qui rédigea les fameux statuts de la Société des Artistes Indépendants ; j'ai écrit : fameux, parce que, depuis, on n'a rien trouvé à reprendre dans ce bon travail de Dubois-Pillet et de M. Jaudin. Un autre décret de Moscou, en vérité ! Et si quelqu'un, par cela même, fut bien le vrai fondateur de la Société des Indépendants, ce fut lui, le brave capiston !

Ce qu'il a peint, malgré tout ce labeur, dépasse l'entendement. Des portraits, des intérieurs, des natures mortes, des baraques de fête, des paysages dans tous les pays, de la peinture partout et en tous les genres.

Il mourut trop tôt. Il fut regretté — et son nom, comme celui de la Tour-d'Auvergne, sera toujours inscrit à la première page des catalogues de la Société.

Certes, Henri Rousseau eût dû peindre ce tableau allégorique : *Le brave capitaine Dubois-Pillet, fondateur de la Société des Indépendants et Pandore magnanime, se présente à Saint-Pierre, qui, ébaubi, fait le salut militaire !*

M. LUCE. — Luce est une sorte de saint Crépin de la peinture. Il sait confectionner une chaussure, tourner un talon ; mais c'est toujours commun, et passé au violet des camarades syndiqués !

Luce, en bon artisan, pas « rechignant » au travail, a tout peint : des figures, des portraits, des paysages de villes et des champs; et aussi bien à Paris qu'à Rouen, aussi bien à Londres qu'à Rotterdam.

Néo-impressionniste, il a serré la forme encore plus que les autres néo-impressionnistes. Il a peint des ouvriers, des terrassiers, des forges où flambent tous les feux de l'enfer, des usines où d'épaisses fumées retombent en panaches de suie.

Et ces choses-là, alors, sont très émouvantes. Pourquoi ne les recherche-t-on pas davantage? C'est là un de ces mystères dont les amateurs ont le secret.

Car enfin, la vulgarité ici ne gêne pas, outre mesure! Seurat, je sais bien, eût fait de ces usines et de ces ouvriers des peintures de haut style; mais ne pensons pas à Seurat; et voyons seulement une peinture âpre, commune, oui, mais forte, réalisant, somme toute, avec le secours d'un dessin précis, exact, d'impressionnantes visions de feu et d'enfer, où les victimes, torse nu, subissent vraiment d'accablantes fatigues. Et ce bon gnaf de Luce a su, tout de même, dresser, sous la voûte incendiée, de hautes cheminées rouges, qui, pour n'être pas les clochers de Chartres, n'en sont pas moins des symboles émouvants, des appels furieux vers un ciel, chargé de soufre et de feu, d'où ne descend aucune aide pour la malheureuse, exténuée et essoufflée bête humaine!

PETITJEAN. — Dans la phalange néo-impressionniste, M. Petitjean est un des meilleurs combattants. Rappelons-nous ses *Baigneuses*, d'un haut style classique, et ses paysages ardemment colorés. Il plaçait souvent ses Baigneuses sur les fonds du parc Montsouris; coin où il abritait son goût de la solitude et surtout son amour du travail obstiné, ardent, par quoi il exprimait, dans ses toiles, toutes ses rares qualités de peintre.

PISSARRO. — Il est difficile de prendre la succession d'un père illustre. Il fut malaisé à M. Lucien Pissarro de peindre les mêmes paysages, ou presque les mêmes, peints avec tant d'amour par Camille Pissarro.

Gisors, Eragny, Bazincourt, autant de localités qui virent le bon vieux maître ; et que, par piété filiale sans doute, M. Lucien Pissarro revisita. Mais c'est toujours le souvenir du père qui subsiste là-bas, dans ces champs du printemps et de l'été qui le virent passer, si patriarcal, sous son ample manteau jamais quitté.

SEURAT. — Georges Seurat, l'instaurateur de la *touche divisée !* Paul Signac présente ainsi ce grand seigneur de la Peinture, mort à l'âge de trente-deux ans :

« Gorges Seurat suivit les cours de l'Ecole des Beaux-Arts ; mais son intelligence, sa volonté, son esprit méthodique et clair, son goût si pur et son œil de peintre le gardèrent de l'influence déprimante de l'Ecole. Fréquentant assidûment les Musées, feuilletant dans les bibliothèques les livres d'art et les gravures, il puisait dans l'étude des maîtres classiques la force de résister à l'enseignement des professeurs. Au cours de ces études, il constata que ce sont des lois analogues qui régissent la ligne, le clair-obscur, la couleur, la composition, tant chez Rubens que chez Raphaël, chez Michel-Ange que chez Delacroix : le rythme, la mesure et le contraste.

« La tradition orientale, les écrits de Chevreul, de Charles Blanc, de Humbert de Superville, d'O. N. Rood, de H. Helmholtz le renseignèrent. Il analysa longuement l'œuvre de Delacroix, y retrouva facilement l'application des lois traditionnelles, tant dans la couleur que dans la ligne, et vit nettement ce qui restait encore à faire pour réaliser les progrès que le maître romantique avait entrevus.

« Le résultat des études de Seurat fut sa judicieuse et fertile théorie du contraste, à laquelle il soumit dès lors toutes ses œuvres.

« Il l'appliqua d'abord au clair-obscur : avec ces

simples ressources, le blanc d'une feuille de papier Ingres et le noir d'un crayon Conté, savamment dégradé ou contrasté, il exécuta quelque quatre cents dessins, les plus beaux *dessins de peintre* qui soient. Grâce à la science parfaite des valeurs, on peut dire que ces *blanc* et *noir* sont plus lumineux et plus colorés que maintes peintures. Puis, s'étant ainsi rendu maître du contraste de ton, il traita la teinte dans le même esprit : et, dès 1882, il appliquait à la couleur les lois du contraste et peignait avec des éléments séparés — en employant des teintes rabattues, il est vrai — sans avoir été influencé par les impressionnistes dont, à cette époque, il ignorait même l'existence ».

« En 1884, (raconte encore Paul Signac) à la première exposition du groupe des Artistes indépendants, au baraquement des Tuileries, Seurat et Signac, qui ne se connaissaient pas, se rencontrèrent. Seurat exposait sa *Baignade*, refusée au Salon de cette même année. Ce tableau était peint à grandes touches plates, balayées les unes sur les autres et issues d'une palette composée, comme celle de Delacroix, de couleurs pures et de couleurs terreuses. De par ces ocres et ces terres, le tableau était terni et paraissait moins brillant que ceux que peignaient les impressionnistes avec leur palette réduite aux couleurs du prisme. Mais l'observation des lois du contraste, la séparation méthodique des éléments — lumière, ombre, couleur locale, réactions —, leur juste proportion et leur équilibre, conféraient à cette toile une parfaite harmonie. »

Mais c'est avec ses grandes toiles synthétiques, j'ajoute : le *Dimanche à la Grande-Jatte*, le *Cirque*, le *Chahut*, etc., que Seurat devait affirmer sans conteste toutes ses insignes qualités. Jamais toiles ne furent mieux organisées, d'un goût plus sûr et d'une distinction plus hautaine. Et ses paysages ne furent pas moins beaux. Avec une ardente et inlassable fécondité, ayant donné sans réserve tout son amour à la Peinture, comme avec la prescience de sa fin prochaine, Seurat, de Courbevoie à Honfleur, du Crotoy à Gravelines, fixa, dans des peintures désormais méthodiquement *divisées*, la splendeur grave des paysages.

Ayant exposé, comme on l'a vu, au premier jour de la Société des Indépendants, Seurat ne cessa plus, jusqu'à sa mort, de nous offrir ses magnifiques présents. Chaque année, il envoyait de nombreuses toiles, des figures, des paysages, des types de Paris. Par dizaines, chaque année, les toiles arrivaient, glorieuses, toutes d'un haut style ; et si déconcertantes par l'humilité très souvent voulue du sujet, exprimant tant de beauté avec le rien d'une plage, avec l'ombre d'un mur, avec la forme sèche d'un bateau, avec la borne d'un phare, avec une maison si banale simplement tachée de ses fenêtres noires !

Au Cirque, au Café-Concert, à la Foire, il sut exhausser jusqu'au style de la Figure historique les écuyers, les chanteuses et les musiciens soufflant pourtant dans de ridicules cuivres. Il fit avec ces gens-là des tableaux de fête ; car, n'est-ce pas une vraie fête de la peinture que cette technique savante, assurant tout ce qu'il est possible de donner comme lumière, coloration et harmonie ? N'est-ce pas aussi une vraie fête de la Peinture que ces tableaux composés, ordonnés, organisés par cette haute distinction, par ce beau dessin élégant, mis au service du plus humble pître ou du plus vulgaire écuyer de cirque ? N'est-ce pas enfin une vraie fête de la Peinture que cette sobriété éloquente, que cette gravité permanente du mouvement, que ce repos des simples attitudes, tout cela dans l'or le plus blond qui ait jamais pavoisé de bonheur un tableau ?

Comme nous avons raison d'aimer Seurat, instaurateur de la touche divisée, et Prince de la distinction, du goût et de la mesure !

SIGNAC. — Paul Signac, c'est l'âme même des Salons des Indépendants. Depuis 1884, il a pris part à toutes les expositions de la Société, dont il devait devenir, à la mort de Valton, le Président.

Tout de suite, avec Georges Seurat, il s'était passionné pour la *touche divisée*; et ce furent, sans répit, de flamboyantes vibrations d'atmosphère, des voiles, des eaux, des plénitudes d'éther, des halos de soleil, des aubes superbement lumineuses.

Commenter son œuvre, d'ailleurs, à quoi bon ? Tous les ans, depuis tant d'années, nous avons vu Signac peindre passionnément à Cassis, à Saint-Tropez, à Antibes, à Paris, à Marseille, à la Rochelle, à Avignon, à Venise, à Constantinople, à Rotterdam, — et même simplement à Asnières, près Paris. Tant d'années pour tant de tableaux, pour tant de ces notations charmantes à l'aquarelle; tant d'années pour ces grands dessins, construits, organisés, qui se relèvent, qui se rehaussent çà et là de taches ardentes de couleur, qui se fleurissent de beauté et de joie !

Ah ! les cuistres politiciens et membres des Instituts, qui n'ont jamais su commander quelque chose de propre à un véritable artiste ! Ah ! ces galfâtres et ces niais porteront un jour la dure peine de n'avoir pas donné à Signac, lors d'un concours, la décoration de la mairie d'Asnières !

Cela, c'est un de mes plus tenaces souvenirs; et j'y tiens !

Je ne pus rien contre ces lamas réunis. Jury stupide, effarant comme tous les jurys ! Et la décoration de la Mairie (salles de fête, salle des mariages, etc.), fut naturellement accordée à un de ces bas bourbeux, qui ont fait de toutes les mairies de Paris de hideux et repoussants immeubles, où l'on n'entre qu'avec dégoût, avec de la peur aussi, à ne voir aux murs que des « opérations chirurgicales » ou des agonies qui suent la misère et la crasse !

PAUL SIGNAC

Et Paul Signac, lui, par ses fraîches, délicates, brillantes esquisses, apportait la joie de vivre, la joie de travailler, la joie d'aimer. Il chantait tout ce qui nous aide à porter ici-bas le fardeau des douleurs. Presque toujours, dans les mairies, on va pour s'y ennuyer, quelquefois pour s'y attrister; alors, alors, est-ce trop que de demander, sur les murs, des paysages enchantés, de la couleur radieuse, des sujets enthousiastes, au lieu de ces noirs, lugubres et effrayants mélodrames, d'où suintent sans répit l'imbécillité et le dégoût?

VAN RYSSELBERGHE. — Ah! quel souci m'accable! Comment vais-je me tirer de ce mauvais pas?... Je sais, je sais que M. Van Rysselberghe reste sourd aux louanges comme aux blâmes; je sais, je sais qu'il a de lui-même une forte et indestructible estime; je sais, je sais qu'il se croit le plus fort des Belges — ce qui n'est pas peu dire! — et des Français, ces pauvres bougres! Je sais, je sais que M. Van Rysselberghe, peintre natif de Gand, unit l'humour à la gravité, et la grâce à la force; aussi, aussi je suis pris d'une grande inquiétude, et je demande d'avance toutes les indulgences de M. Van Rysselberghe, peintre natif de Gand!

L'œuvre de M. Van Rysselberghe est-elle donc, déjà à ce jour, si considérable? Hélas, oui, et elle témoigne d'une volonté impitoyable. Vous allez vous en rendre compte.

En effet, depuis que le grand Seurat est parti pour un monde meilleur (loin des peintres natifs de Gand!), M. Van Rysselberghe s'acharne sur le néo-impressionnisme en tôle d'acier. Ah! qui se doute combien il est difficile de tailler là-dedans des nus, des portraits, des paysages et des natures mortes, — et cela pendant des années, des années?

Et M. Van Rysselberghe, avec la mesure qui caractérise si pleinement les peintres natifs de Gand, n'a pas craint de tailler dans la tôle d'acier de vastes œuvres, où plusieurs personnages se tiennent debout, assis ou prosternés. Cela est à vous donner le frisson, pour peu que l'on se rende compte de la forte technique qu'exige un pareil labeur !

Et, enfin, enfin, quelle variété dans l'œuvre de M. Van Rysselberghe, peintre natif de Gand ! Il y a des peintres, comme Renoir, qui s'en tiennent, en somme, à des redites ; il y en a d'autres, comme Van Gogh, qui ne se lancent pas dans de « fortes compositions », qui peignent ce qu'ils voient, simplement, naturellement ! Horreur ! Horreur ! tout cela, pour M. Van Rysselberghe, peintre natif de Gand !

Il faut à celui-ci le Monde, le Monde et le Ciel ! Fait-il des portraits ? Toute une famille doit poser, toute une zoologie doit être découpée dans la fameuse, la fameuse tôle d'acier ! Fait-il des paysages avec personnages ? Il faut peindre des enfants, des femmes, des hommes, des chiens, des bancs, des arbres, et jusqu'à des nuages difficilement réalisables dans la tôle d'acier ! Enfin, enfin, M. Van Rysselberghe, peintre natif de Gand, peint-il des marines ? Elles sont insondables, illimitées, profondes comme la mer elle-même ; et, ici, la tôle d'acier est découpée en nappes superposées, plus facile travail, tout de même, de découpage, repos enfin dans un exténuant et redoutable labeur !

Et, parvenu ici, je sens tout d'un coup qu'il faut que je me repose, moi aussi, dans mon labeur, dans ce labeur unique : parler de l'œuvre de M. Van Rysselberghe, peintre natif de Gand. Car, je sens, je sens que je n'en pourrai plus rien dire, la tôle d'acier étant pour moi, au fond, aussi mystérieuse, que l'apport pictural de M. Van Rysselberghe est vide et inutile.

CHAGALL

LES ISBAS

Les Isolés

Nous avons groupé ici d'extraordinaires peintres,
« en dehors », pourrait-on dire, de la Peinture.
Peintres d'une originalité entière, et qui ne firent
jamais aucune concession au goût public. Peintres
élus, trois d'entre eux sont morts ; les trois autres
demeurent comme un insolent défi aux idées reçues
et à la sottise de toute tradition.

CHAGALL. — Imaginez, pour notre époque, la plus
merveilleuse invention qui soit ; imaginez la Fantaisie, cette précieuse vertu, poussée aux plus extrêmes
limites humaines ; concevez tout ce que la couleur la
plus savante, la plus harmonieuse, la plus vibrante, la
plus inattendue, la plus originale, la plus diverse, la
plus rare, peut ajouter à un dessin plein de ressources
et si étonnant, si déconcertant qu'il en est unique ;
dites-vous qu'un peintre peut être barbare et raffiné à
la fois, sauvage et tendre, cruel et doux ; essayez de
croire que ce même peintre peut être plus religieux
que quiconque et, en même temps, donner aux Bien-
heureuses Faces des figures et des attitudes d'animaux,
imaginez encore qu'on peut tirer d'une cathédrale une

explosion de lumières; — et, en même temps représenter la Grande Roue ou la Tour Eiffel augustes, comme personne encore ne l'a réalisé; accumulez sur le plus petit espace toutes les couleurs perçues, entrevues par les chimistes les plus diaboliques; construisez des personnages tragiques, comiques, légendaires, aux prises avec toutes les passions et avec toutes les ruses; trouvez dans la vie humble des prétextes à des tableaux magnifiques; faites de la noblesse, de la rareté, de la préciosité, de la richesse, avec tout ce qui est vil, tout ce qui rampe, tout ce qui est bas; magnifiez un arbre à la hauteur d'un Himalaya; prenez la vie de la terre et faites-en des tableaux comme ceux de la Bible; pensez au *Cantique des Cantiques* devant deux amants qui s'étreignent sur un banc; voyez sous des astres rutilants des processions, des fêtes, des danses et des rondes; dressez, enfin, devant une bouteille, le Poète saoul de poésie et de vin, le front baigné de lumière et rayonnant de génie; comptez vingt, cinquante, cent tableaux d'une invention, je le répète, sans pareille, pour notre temps; attendez-vous à l'originalité la plus totale, la plus loin de tout, empruntant toujours ses nouvelles forces à une mystérieuse jeunesse du génie; croyez à tout cela — et à plus encore! — et vous ne connaîtrez pas tout entier Chagall!

Sa fantaisie! Ah! en exemple, je voudrais pouvoir vous décrire un tableau de lui que je possède : *L'enterrement burlesque.*

Sous un ciel d'ocre jaune et de jaune de Naples, strié de rouge, se dresse, dans le fond du tableau, une maison à étages, pavoisée d'un drapeau. A côté, un petit temple circulaire figure un manège-bijou ou le Temple de Vesta, à Tivoli; sur la même ligne encore une maison à allure de château-fort; et tout cela, à contre-jour, se détache en sombre sur le ciel lumineux. Sur la gauche du tableau, une autre maison, dont on voit un bout de toit, avec un char devant la porte.

Deux hommes rasés, vêtus en garçons de cuisine, portent l'un devant l'autre un petit cercueil, suspendu de guingois sur les deux épaules gauches. L'un de ces plongeurs élève la main comme pour se rendre compte si la pluie tombe. Pendant ce temps, un gamin le tire par sa veste; et ce n'est pas tout; car, de la maison à étages, où une femme en cheveux pince à une fenêtre de la balalaïka, une mère citrouille jette à toute volée un seau d'eau sur la tête du porteur qui cherche d'où vient la pluie. Tranquille comme Baptiste, un personnage à robe se promène près du manège-bijou, son parasol grand ouvert. Au premier plan, un gros chat se promène; et un comédien à costume bariolé, le chef surmonté d'un bonnet pointu, gît à terre, tenant dans une main une lampe ou une lyre; puis, tout là-haut, enfin, en plein ciel, un homme qui se moque vraisemblablement du cortège funèbre, fait, les jambes en l'air, de la barre fixe!

Je renonce vraiment à développer la cocasserie burlesque, macabre, de ce spectacle. Ce dessin et cette couleur sont inouïs. Les détails en sont si divers qu'ils émerveillent tour à tour. Certes, je ne méprise pas les clowns et arlequins peints par Picasso, je ne nie pas l'étrangeté dont il les pare, et avec quel dessin il nous les présente; mais combien le clown-comédien peint ici par Chagall est plus rare, plus diabolique, plus inquiétant et plus morne! Le costume collant dont il se pavoise, blanc avec des cercles bleus et rouges, cette face saoule de chie-en-lit, cette face hébétée, abrutie d'ahurissement, ces longues jambes détendues, cassées, tout cela est un prodige!

Décrire, présenter plutôt dix, vingt tableaux de Chagall, ce serait vouloir boucler la fantaisie, brider l'imagination, apaiser toutes les merveilleuses folies, endiguer un torrent toujours plus furieux d'invention et de bouffonnerie. Et, quant à la couleur, quant aux mille facettes de ce merveilleux poudroiement, expliquer cette exaltation et cet enthousiasme toujours renaissants, renonçons une bonne fois à cette lourde sottise. Regardons, simplement, de tous nos yeux, les manifestations de ce peintre né en Russie, et resté fidèle à la grande âme russe.

ENSOR. — Si jamais quelqu'un, peintre ou littérateur, a bien étripé son prochain ; si jamais quelqu'un a traîné dans l'ordure tout ce qui veut s'élever au-dessus du misérable troupeau humain ; si jamais quelqu'un a recherché les groins les plus hideux, les mufles les plus épais, les gueules les plus repoussantes pour les placer, en têtes d'orgueil, sur les épaules du doux prochain ; si jamais, pour tout affirmer, quelqu'un a bien souillé, conchié l'humanité tout entière, c'est bien James Ensor, le peintre des Masques.

Ah ! les heureux, les délectables moments que ce Maître nous a accordés ! Enfin, quelqu'un osait vomir les magistrats, les officiers, les gens décorés, les médecins, les politiciens et aussi la tourbe populaire, les ouvriers et les bourgeois. Et il le faisait de telle façon que personne ne pourrait plus courir au jeu de massacre avec de telles balles homicides !

Et quelle grande œuvre déjà réalisée ! Ce fut un étonnement sans pareil quand une jeune Revue de jadis : *La Plume*, consacra à Ensor un numéro dit spécial. Ah ! oui, vraiment spécial par le choix des œuvres reproduites !

Jamais on n'avait vu un tel ensemble implacable, hideux et féroce ! Mais les plus terribles Espagnols, les Valdès Léal, par exemple, étaient de doux agneaux à côté d'Ensor. Qu'est le sépulcre en présence du pou humain qui se promène, qui jouit, qui goinfre et qui se soûle ? Ah ! les lugubres, les horribles chie-en-lit ! La stupidité, la crapuleuse fainéantise, le vomissement, la luxure immonde, la gourmandise, l'orgueil, s'étalent dans l'œuvre d'Ensor ; œuvre de pourriture, de diabo-

JAMES ENSOR

LES PÉCHÉS CAPITAUX DOMINÉS PAR LA MORT

lique, fantaisie; œuvre de sang et de déjections!

Mille souvenirs en ce moment m'assaillent en foule, me secouent, me tirent par les cheveux, par les oreilles, par le nez. Je me souviens — avec quelle joie indicible! — de *Iston, Pouffamatus, Cracozie et Transmouf, célèbres médecins persans, examinant les selles du roi Darius après la bataille d'Arbelles!* Ah! les hideuses faces, ah! les bonnets à aigrettes, ah! les manteaux d'or, penchés, reniflant le vase puant, tandis que Darius, dans un coin, guilleret sous son bonnet pavoisé d'escarboucles, évacue encore, à cul découvert, de nouvelles fientes!… Et cette autre eau-forte : *Les mauvais médecins.* Des chirurgiens en habits noirs, d'autres en tabliers blancs, mettent en perce l'énorme bedon d'un patient, lui tirent les tripes, qui s'enroulent en chapelets, autour de leurs jambes, tandis que la Mort, comme fraîchement écorchée, visqueuse, surgit, la faux dressée!

Mais si Ensor exècre les charlatans, il n'est pas plus tendre pour les juges et pour les avocats. Il en fait une clique répugnante, plus odieuse à regarder que les vagabonds et pauvres hères traînés devant elle par de salaces Pandores.

Je vous le dis, toute l'œuvre d'Ensor est réconfortante. Voyez-les, ces juges stupides, devant les pièces à conviction : un bout de jambe humaine, un couteau, un os de mouton ; voyez-les étalant leurs faces de tapirs et de musaraignes ; considérez ces avocats à moustaches orgueilleuses, à gueules rasées, à barbiches cirées ; regardez-les, baveux, prétentieux, sous le Christ peint, dont les orteils mous putrident moins que les faces des juges impassibles, somnolents, endormis, tandis que l'accusé se défend, son pauvre nez rougi, sa pauvre gueule inondée de larmes.

Voyez l'*Ange exterminateur*, qui passe en plein ciel, au galop de son cheval, et qui noie sous des pluies de feu et de soufre tout le bétail humain prosterné, le cul ouvert et découvert, fientant d'épouvante, à pleines bouses !

Rappelons-nous ces autres grandes œuvres : *Hop-Frog* ; l'*Entrée du Christ à Bruxelles*, sur un humble âne, au milieu d'un ignoble peuple, qui braille et qui se soulage à larges fesses !

Et ce sont là des eaux-fortes ! et les peintures d'Ensor ne sont pas moins admirables, d'une originalité bizarre et capricieuse, échappant à toutes les recherches pour découvrir une influence, un maître même lointain.

Par contre, je l'avoue, quelle tendresse vous avez accordée, Ensor, aux paysages, aux arbres, aux villes ! Votre âme est devenue soudainement chaste, blanche, amusée par les mille détails des nuages, des toitures, des moulins, des brindilles toutes givrées de bonheur ? Vous avez alors aimé de tout votre cœur les barques aussi, les barques échouées et celles qui prennent le vent ; vous avez aimé même les immeubles bêtes, les boulevards de Bruxelles et d'Ostende — et je ne sais quelle maisonnette à Mariakerke, où vous avez là, en effusion d'amour, pleuré tout votre fiel, tout votre dégoût de la trogne humaine !

LAUTREC. — La forte expression de Daumier : *il faut être de son temps !* eut pour Lautrec tout son sens.

Comme hier Constantin Guys, Lautrec, en effet, reste le peintre le plus véridique et le plus singulier de toute une époque que l'on peut, assurément, appeler l'époque du « plus grand Montmartre », donc du « plus grand Paris » ; car, si l'on en croit Salis, Montmartre était alors ni plus ni moins que le « cerveau de la France », que dis-je, le « cerveau du Monde ! »

Il n'est point de nom de peintre plus populaire que celui de Lautrec dans ce coin de Paris qui flamboie de la place Clichy à la place Pigalle. Car ces filles, par exemple, qui passent, mais ce sont celles précisément que Lautrec a dessinées ! A peine le chapeau et la « pelure » diffèrent ; mêmes yeux agrandis et mêmes lèvres trop rouges. Il les a marquées pour long-temps.

Aussi, que de fois, dans les cafés de Montmartre, à l'heure de l'apéritif, on entend ce nom : Lautrec ! C'est qu'il évoque bien pour les assidus tout un Montmartre brillant, tout le passé d'un Paris singulièrement ardent et vraiment alors emphatique.

Selon une vive expression vulgaire, Lautrec eut tout de suite, « dans le sang », Montmartre. Ce quartier, au cours de sa brève vie, il ne le quitta guère que pour quelques mois d'été.

Montmartre — Terre promise ! Oui, ce nouveau Chanaan lui offrit tout ce qu'il chérissait : des gens pittoresques et une excessive liberté de mœurs. Cette Terre promise, ce cloaque plutôt où fourmillaient toutes les vermines, l'avait envoûté. Et ce qu'il avait à y découvrir ! Il existait, cependant, d'autres peintres déjà à Montmartre ; les cafés et les brasseries en regorgeaient à l'heure de l'absinthe ; et des gens de génie, sans doute, à les entendre vociférer, en frappant, de durs coups de poing, les tables. Comment tous ces « tapissiers » n'avaient-ils pas vu l'éclat, l'inédit, le bizarre de tout ce qui les entourait ? Comment tous avaient-ils pu passer sans un regard près de tant de choses extraordinaires ?

Car c'était alors un Montmartre terriblement vivant et « loufoque ». De la *Boîte à Salis* à l'*Ane rouge*, du *Clou* au *Divan Japonais*, une cohue de nigauds allait, venait, pirouettait et se renouvelait. Les bals foisonnaient et pompaient toute la jeunesse des boutiques. On s'entassait, on s'écrasait chez Sarrazin ; — et s'il y eut jamais un être comique, un drôle de corps, ce fut bien ce petit homme brun, porteur d'un éternel pince-nez et ex-marchand d'olives.

Je l'évoque en cette minute, et je me souviens que ce

« louffiat » à figure de comptable disait des vers et avait surtout une peur affreuse de la police.

Quand, dans son sous-sol, installé sans confortable, on criait trop fort, Sarrazin, la voix sourde, les mains en avant, se précipitait : « Messieurs ! Messieurs ! je vous en prie ! la police ! » A quoi, la noble assemblée hurlait davantage ; et le « taffeur » battait en retraite.

Il draina beaucoup d'argent dans son locatis ; mais un jour il s'en laissa conter ; il voulut changer, embellir sa « tôle » ; et, simplement, ce fut la faillite. Montmartre n'aime pas le luxe.

Et c'est pourquoi, à côté de l'orgueilleux Moulin-Rouge, le Moulin de la Galette prospérait, quoique délabré. Toutes les gamines de la Butte y proposaient leurs secs appâts et leurs impudeurs naïves, près des grandes sœurs collées aux accroche-cœurs des beaux Julots. On y buvait du vin dans des saladiers, et l'on payait les danses. C'était un bouge fumeux, étonnant et rare. Mais les peintres de Montmartre ne le voyaient pas ; et ce fut Lautrec qui nous le magnifia.

Il travaillait avec un entrain régulier. Même au *Café de la Place Blanche* et au *Rat mort*, perdu dans un tumulte, il paraphait sans cesse des types, avec quelques indications du crayon et du pouce, de ce mouvement répété en touches, si amusant pour ceux qui l'ont vu faire.

Et c'était toujours une suite de croquis caractéristiques et, comme on dit familièrement, très ressemblants. Du reste, sa mémoire des formes, des tares particulières à chaque individu observé, fût-ce un instant, était non moins surprenante. Souvent, par exemple, il lui arrivait de vous demander : « Quel est le nom du type qui nous a parlé l'autre jour au Moulin ? » Et si l'on cherchait, si l'on questionnait : « Comment est-il ? » Vite, d'un coup de crayon, avec quelques traits, écrasés ici, affermis là, il campait irrésistiblement le bonhomme, vous faisant crier : « Mais c'est un tel ! »

DANSEUSE

LAUTREC

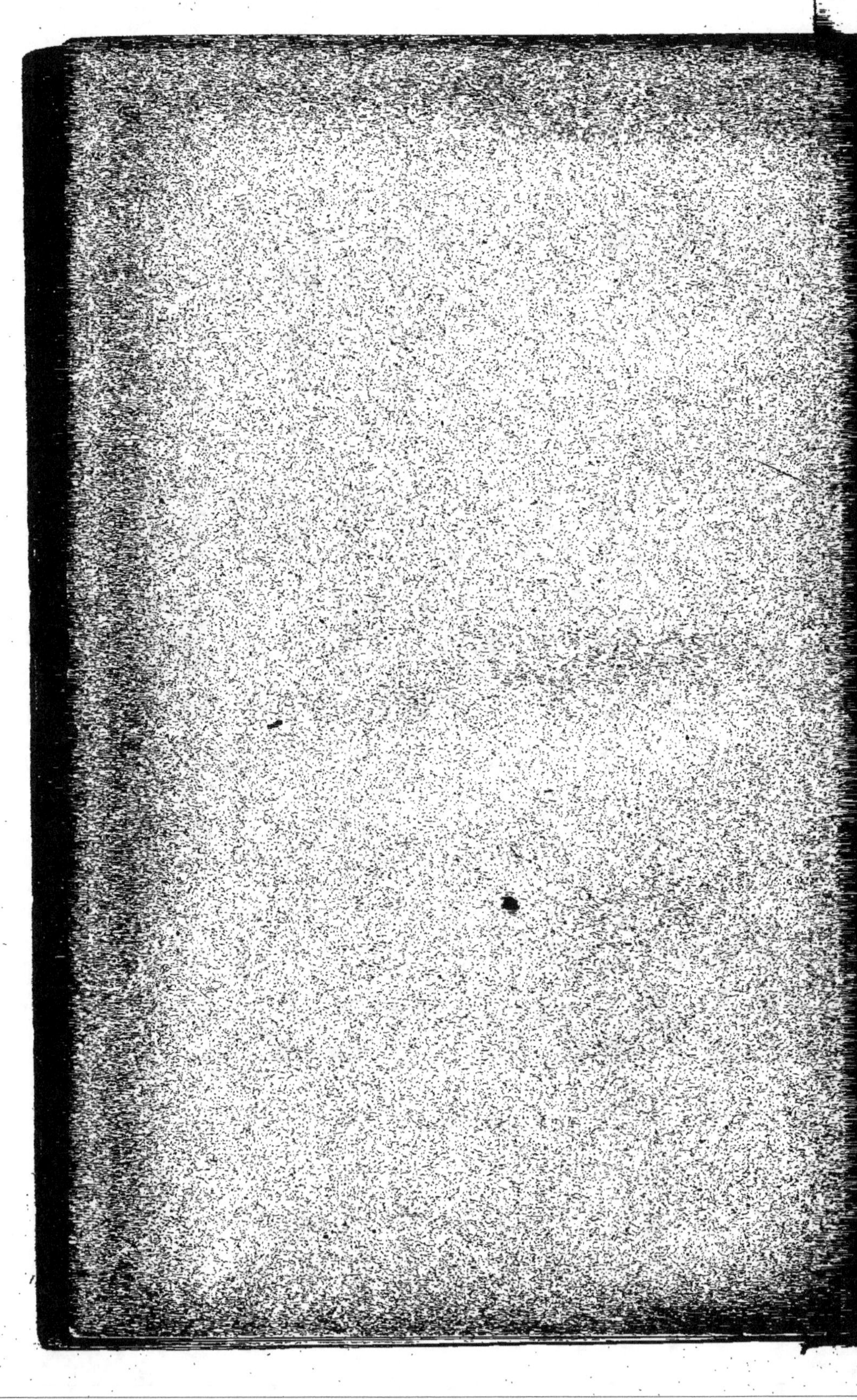

Bientôt, tout Montmartre connut Lautrec. Outre que son physique le singularisait, il rôdait avec une curiosité insatiable, si bien qu'on le voyait à peu près partout, souvent avec ses camarades : les peintres Charles Maurin, Gœneutte et Zandomeneghi.

Sa mise était correcte, jamais excentrique. Il y avait, du reste, un tas de choses très ordonnées en lui. Je puis dire que si, vers la fin de sa vie, il devint bohême, c'est qu'il y fut contraint par les circonstances mêmes d'une existence très agitée, car il eut longtemps des goûts d'intérieur très bourgeois. Ses amis se souviennent de ce Lautrec-là, très ponctuel quand il allait à l'imprimerie pour le tirage de ses lithographies ; très exact aussi pour tous ses autres rendez-vous.

Tristan-Bernard, qui fut, avec le sculpteur Carabin, son ami le plus fidèle, lui a consacré, un jour, ce portrait peu connu :

« Que ce grand petit homme était un individu prodigieux !

« Quand, si jeune encore, il nous a quittés, quelqu'un a dit que ce n'était pas une mort, et que cet étrange Lautrec était simplement rendu au monde surnaturel.

« Depuis qu'il a disparu, et que nous ne pouvons plus fréquenter que son souvenir que nous arrivons à fixer, avec qui nous nous familiarisons, nous connaissons mieux cet homme admirable ; nous découvrons maintenant que Lautrec ne nous paraissait surnaturel que parce qu'il était naturel à l'extrême.

« C'était vraiment un être libre. Mais il n'y avait aucun parti pris dans son indépendance.

« Il ne méprisait pas les idées toutes faites : il n'en subissait en aucune façon l'autorité. Mais le dédain qu'il avait pour elles était si peu systématique qu'il lui arrivait très bien d'en adopter une à l'occasion, si elle lui avait semblé justifiée. Les opinions de ce véritable indépendant pouvaient fort bien se rencontrer, par le fait du hasard, avec celles de tout le monde. C'était

parce qu'il suivait son libre chemin, qu'il se trouvait
inopinément sur la promenade publique, où il n'était
attiré par aucune habitude sociale ni par l'heure de la
musique.

« C'était surtout dans le choix de ses plaisirs que se
décelait son originalité, c'est-à-dire son indépendance.
Nulle part, en effet, le despotisme social n'est si rigou-
reux que sur le chapitre des distractions. Que les
hommes, pour penser, se conforment au règlement
général, il importe guère, car ils ne pensent pas énor-
mément. Mais ils ont si peu le droit de s'amuser à leur
guise, même de la façon la plus innocente, que nous
sommes tout honteux d'un divertissement qui n'est pas
sur la liste consacrée, théâtre, courses, dîners au restaurant, promenades en automobile, ébats sentimentaux,
bridge et visites des musées. Une nuit, après un souper
copieux, j'ai recueilli la confession d'un ami qui, le
rouge au front, m'avoua que sa plus chère distraction
était de lire le Bottin de l'étranger, et qu'il n'arrivait
pas à se coucher le soir, sans avoir noté la population
d'un certain nombre de villes d'Amérique et l'altitude
de quelques sommets.

« Les collectionneurs sont un objet de dérision pour
ceux qui ne sont pas des collectionneurs.

« Ils ne se réhabilitent qu'à l'hôtel Drouot, quand
leur vente atteint un beau total.

« Pour ceux qui choisissent leurs plaisirs en dehors
du programme approuvé, nous avons des termes de
mépris tout faits : ce sont des maniaques ou des
êtres puérils. J'aime beaucoup, pour ma part, les gens
qui font preuve de puérilité, parce que ce mot signifie
pour moi ingénuité et liberté.

« Lautrec, lui, s'amusait dans la vie avec la liberté
souveraine d'un petit garçon dans un square. Il était
notre bout-en-train, tyrannique comme ces organisa-
teurs de huit ans, qui, autour des pelouses, inventent et
dirigent des jeux.

« Un jour, il avait l'idée de jouer au *barman*. Il installait un comptoir dans l'appartement d'un ami, endossait une veste blanche, et, toute la soirée, nous offrait impérieusement des consommations anglaises de son experte fabrication.

« Je vous le dis (termine Tristan-Bernard), ce petit homme était le maître du bord et ne suivait que sa loi. Si l'on adopte la fameuse définition : l'art est la nature vue à travers un tempérament, on a cette garantie que le tempérament de Lautrec était vraiment libre. »

***

L'œuvre la moins importante de Lautrec, c'est assurément un enchantement. Dès l'instant qu'il posséda son originalité, personne n'eut une plus rare grandeur de style.

Voici un peintre qui entre, par exemple, dans des maisons closes, et qui peut réaliser des tableaux plus « distingués » que tous ceux que l'on voit ailleurs, autour de soi ! Ce n'est même pas familial, simple, sentimental, comme tout ce qui se passe dans les « Maisons Tellier et Philibert » ! C'est quelque chose de plus, de beaucoup plus, — c'est d'une haute noblesse !

Tels de ces tableaux-là ne le cèdent point aux meilleurs Degas. Et encore Degas n'a jamais mis en œuvre cette noblesse d'interprétation dont Lautrec put être, à juste titre, très orgueilleux. Toutes les femmes peintes par Degas sont des créatures simiesques ou batraciennes, aux hideuses faces. Lautrec a vu des femmes encore plus accablées par d'inexorables tâches, mais il s'est chaque fois ressaisi ; et toutes ses œuvres, en ce sens, témoignent de sa généreuse pitié.

C'est que Lautrec a beaucoup aimé la vie ; et il la recherchait partout, dans la rue, au cirque, dans les bars et dans les coulisses des théâtres. Peintre émerveillé de la vie moderne, il a été plus inquiet, plus désireux de toucher à tout que quiconque. Celui-ci s'est spécialisé dans les danseuses; celui-là a trouvé une renommée en débusquant sans relâche les filles; mais, Lautrec, que n'a-t-il pas dessiné? Danseuses, filles, chevaux de courses, numéros de cirque, cabotins, voitures, etc., il a tout interprété avec une force singulière et avec un talent sans égal. Ses tableaux, ses dessins, aujourd'hui, forment une œuvre historique, et déjà classique. Il est le peintre de toute une époque!

Ses œuvres doivent toujours « monter », comme on dit en argot de salle des ventes. Elles se classent telles que de robustes œuvres représentatives et caractéristiques. Sans doute, certains autres peintres auront également voix au chapitre quand il s'agira d'établir le bilan pictural de notre temps; mais, parmi les peintres de mœurs, qui sera comparable à Lautrec?

La nature, qui le supplicia physiquement, le doua, en revanche, des plus enviables qualités morales. Il était généreux, sans calcul; et tout le passionnait. C'est pourquoi il a fait, par exemple, de simples portraits d'enfants, exécutés avec une conscience infinie. Il n'eût pas mieux travaillé, ma foi! pour le roi de Prusse ou pour un milliardaire d'outre-Atlantique. Je sais bien, certes, que ses modèles habituels, les filles, trouvèrent d'emblée la plus large place dans son cœur. Et cela et tout le reste est si visible qu'il serait vain d'expliquer ici, selon le mode habituel, les œuvres de Lautrec. Les considérer, les comprendre soi-même, avec sa propre tournure d'esprit cela est préférable. Ses peintures sont, d'ailleurs, si éloquentes, d'un dessin si personnel, si fortement significatif, que tous les artifices d'écriture, pour les commenter prolixement, sont négligeables. Il n'y a pas, ici, des anecdotes historiques à raconter, des rébus à expliquer: — c'est de la vie transposée par un véritable maître, beaucoup de vie, toute la vie. Il suffit de regarder, de méditer; et l'on comprend comment Lautrec est haut parmi les plus hauts.

*
* *

Le Moulin-Rouge, qui succédait au *Bal de la Reine Blanche*, allait être réservé à la glorification du peintre Henri de Toulouse-Lautrec.

Entré là, il allait trouver toutes les tares physiques parmi ces hommes et parmi ces filles. Les bals achalandés ne sont pas des haras. Aucune sélection n'y est imposée. Aussi, lui, il y évoluerait également à l'aise; et n'y ayant point motif d'être taciturne, il pourrait songer à de claires œuvres expressives et neuves.

Elle date de cette époque l'idée que Montmartre est de tout Paris, le seul endroit où l'on s'amuse. Il n'y avait alors cependant aucun de ces restaurants de nuit qui, aujourd'hui, flambent de toute la sottise des viveurs. Roybet, en effet, s'essayait à peindre là où se trouve maintenant l'Abbaye de Thélème; et Puvis de Chavannes et Henner, devant la vasque Pigalle, restaient cloîtrés dans leurs ateliers silencieux. Il n'y avait non plus aucune de ces niaises attractions qui du *Ciel* tombent au *Néant*. Bruant et le Moulin-Rouge sur le boulevard, c'était tout — et c'était assez.

Zidler, au Moulin-Rouge, s'était révélé tel qu'un prestigieux organisateur. On célébrait sa salle de bal, édifiée comme une gare norvégienne et pavoisée d'oriflammes multicolores. Mais quel bal qui emportait tout!

Et un orchestre ravageur et tapageur! et surtout les trois insignes vedettes, le triomphal gala des jambes: Valentin le désossé, la Goulue et la Mélinite!

Ah! ces curieuses et épileptiques sauterelles! Quel extravagant trio! Au demeurant, ce Valentin le désossé était un pacifique roquentin qui, le soir, se transformait

en un prodigieux danseur. Grand, maigre à s'enrouler
autour d'un bec de gaz, n'ayant pas d'âge : trente-cinq
ou tout aussi bien cinquante-cinq ans, rasé, étriqué
et monté certainement sur ressorts, il avait des jambes
et des bras qui défiaient la caricature elle-même. Il
tenait de la sarigue et du singe ; et quelle trompe ! Mais
ce dégingandé valsait vraiment avec une cadence et
un rythme incroyables. Ses longs pieds tournaient,
remontés, toujours dans le même angle. Ses pieds
étaient d'inouïs automates. Aussi, comme on l'admirait !
Il était l'Empereur de la valse et du quadrille ; il érigeait,
sous la lumière des globes, la couronne d'Austerlitz !

Il avait deux rivales : la Goulue et la Mélinite.

La première était une fille étrange, à la face d'em-
peigne, au profil d'oiseau de proie, à la bouche torve,
aux yeux durs. Elle dansait sèchement, avec des gestes
nets. On racontait toutes sortes d'histoires sur son
compte. Aussi, quelle cohue autour de ses ébats, quand,
retenant à pleins poings son linge, elle pirouettait, une
jambe à la hauteur de son nez !

La Mélinite, on l'appelait aussi Jane Avril, c'était
tout un contraste. Car, elle se présentait, celle-ci,
gracile et souple. Délicate et amenuisée même, son
visage, pincé et doux, faisait songer à une souris. Elle
était si invraisemblablement maigre et déliée qu'elle
pouvait se ployer jusqu'à balayer de ses épaules le
parquet.

Tous les soirs, ces trois étoiles achalandaient le bal.
Au quadrille, on les entourait — un danseur faisant le
quatrième —, et on les reniflait.

Quelle foule exceptionnelle comme fumier humain !
Une brume flottait et noyait les visages. On ne voyait
bientôt plus que le blanc des linges. Des habitués,
haletants, ne bougeaient plus. Les danseuses s'éver-
tuaient à s'asseoir en arc, à décrocher les globes ou à
jeter sur leur croupe offerte le paquet de leurs dessous.
Et la cage s'emplissait toujours ; bientôt elle fumait.

ODILON REDON

GÉNIE DES SOLITUDES

Quand on arrivait là-dedans de sang-froid, on restait figé, les joues moites. C'était dévorant et c'était unique. Pour exprimer cela, picturalement, on devinait la nécessité d'un apport spécial : un dessin fourrageur et des couleurs de fosse. Lautrec vint avec tout cela.

Et il fit ces tableaux de bal dans tout leur excessif intérêt. C'est qu'il en attendait la révélation, assis et méditant, devant une table qui lui était réservée, et au milieu des danseuses et des danseurs. Car il ne les oublia point, non plus, ces jeunes Oscars qui avaient pour tâche de battre des ailes de pigeon pendant les repos de la Goulue et de la Mélinite. Et vous les apercevez, en nombre, ces greluchons, dans toutes les œuvres de ce moment-là, avec leurs faces si caractéristiques sous la cape-melon ou sous le bas haut-de-forme, aux ailes en rebord de pot-de-chambre.

*
* *

Né à Albi, le 24 novembre 1864, Henri de Toulouse-Lautrec, fils du comte Alphonse de Toulouse-Lautrec Montfa et de la comtesse, née Adèle Tapié de Celeyran, mourut, le 9 septembre 1901, au château de Malromé, sis dans le département de la Gironde.

Élève de l'atelier Cormon, il avait commencé par peindre des tableaux à la manière de John-Lewis Brown. On peut rappeler ce détail, en songeant à ces aboutissants fameux : *Le Cirque Fernando* et *le Quadrille au Moulin-Rouge*.

REDON. — Il y eut, en Odilon Redon, deux peintres : le Redon commercial et le Redon visionnaire.

Le premier interpréta, le plus souvent au pastel, des fleurs, dont l'éclat enchanta. Un pot, sur un fond presque uniforme, d'où s'élançaient des tiges et des fleurs vives.

Le second multiplia les dessins, les lithographies et les peintures, consacrés aux monstres, aux visions et aux phantasmes. Il réalisa des œuvres un peu creuses, un peu à court de souffle; mais l'étrangeté, la cocasserie tragique qu'engendrent parfois les rêves, voilà l'accent indéniable de cette seconde féconde production.

Odilon Redon voulut encore interpréter Gustave Flaubert (*La Tentation de saint Antoine*) et Edgar Poë. Il ne fit point alors œuvre très recommandable. En somme, Odilon Redon vivra surtout par ses beaux dessins, en noir et blanc, qui réalisent très fortement des expressions de Douleur, de Sagesse et de Résignation.

ROUAULT. — Je pense toujours que certaines œuvres de Rouault, ses nus féminins, ne peuvent être à leur vraie place qu'au fond du chœur des églises chrétiennes ou dans une sorte de narthex consacré aux vierges folles.

Les merveilleux vitraux qui seraient là, offerts à l'admiration des siècles et comme encouragements à la chasteté!

Car, si jamais un peintre a injurié, réchampi cruellement, férocement, la Femme coupable; s'il l'a rongée de toutes les syphilis et de toutes les dermatoses; s'il l'a vomie en lui ballottant ses mamelles comme des bourses vides, — en lui ballonnant les fesses, — en lui labourant de rides le ventre, cette fosse! si jamais un peintre a été ce cruel tortionnaire, c'est, à coup sûr, Georges Rouault!

Où trouver une telle force de colère, une telle expression de beauté sauvage?

A travers le temps, Rouault restera tel qu'un unique et insolite peintre, armé de toutes les foudres célestes pour châtier et punir, en la suppliciant, la Femme, la grande Prostituée de tous les âges!

Certes, j'ai recherché Lautrec et son dessin aigu, cuisant; j'ai été le premier à lui consacrer un livre, qui a attiré sur moi toutes les colères et toutes les

GEORGES ROUAULT

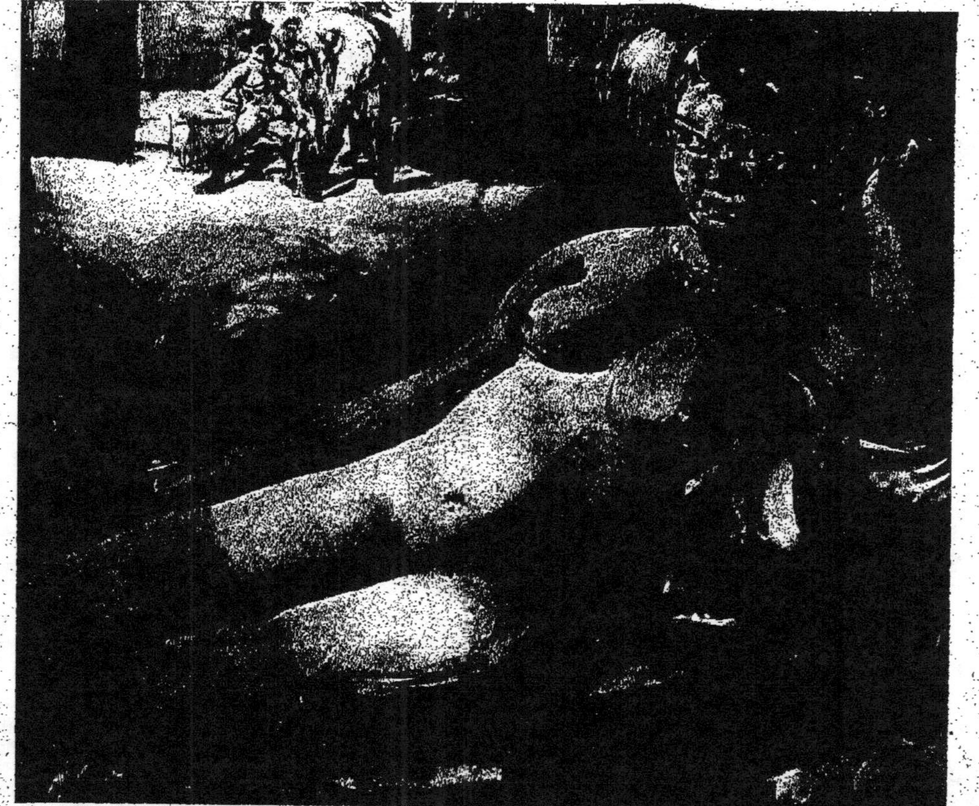

COLLECTION GUSTAVE COQUIOT   PHOTO E. DRUET

haines. J'ai élu aussi l'œuvre de Guys ; et je ne renie
pas du tout aujourd'hui ces deux hauts dessinateurs de
mœurs : Guys et Lautrec ; mais retenez-vous, retenez-
vous de connaître Rouault, d'apprendre à le comprendre, si vous ne voulez pas l'admirer passionnément,
frénétiquement !

L'œuvre de Guys et l'œuvre de Lautrec datent maintenant ; elles deviennent toutes deux historiques. L'œuvre
de Rouault sera au contraire de tous les temps ; œuvre
de génie qui place Rouault, magnifiquement, en tête de
toute la jeune Peinture, — et qui fait de lui un seigneur
barbare et lointain, sans escorte possible !

Dans ses paysages, ses grands paysages mystérieux,
Rouault reste aussi un extraordinaire visionnaire. Des
sources les plus profondes de la vie s'échappent les
mille fantômes que protègent des astres voilés et agoni-
sants.

Et il a peint encore des juges, des avocats, des accusés,
qui font paraître les mêmes personnages peints par
Daumier douloureusement anecdotiques !

Ah ! souhaitons que Rouault clame toujours sa colère
et sa misanthropie en peintures superbes et féroces !
Un mauvais jour viendra, peut-être, où Rouault, appri-
voisé, ne rugira plus par ses beaux rouges vineux, par
ses bleus profonds métalliques, par ses verts vénéneux,
verts aussi de putréfaction et d'horreur !

Pour l'instant, gardons jalousement les œuvres de
Rouault, comme on garde un beau Cézanne, ou un rare
Van Gogh, ou bien encore un étonnant Chagall !

VAN GOGH. — Tel Arthur Rimbaud, dans les Lettres
françaises, qui est un poète, au-dessus et en dehors de
toute la Littérature, Vincent Van Gogh est, dans la
Peinture française (n'a-t-il pas trouvé son absolue
originalité à Arles-en-Provence et à Auvers-sur-Oise ?)
Vincent Van Gogh est un singulier génie, en dehors et
au-dessus, lui aussi, de toute la Peinture.

Tous deux, le poète et le peintre, sont deux phéno-
mènes, les plus extraordinaires, peut-être, si l'on
excepte Baudelaire et Delacroix, que l'Art ait révélés,
ce dernier siècle, en France !

Voilà un peintre, Vincent Van Gogh, qui, au travers
des pires souffrances, a magnifié, en sept années, pas
une de plus, son œuvre incomparable ! Il prêche, puis
il peint, voilà sa courte vie, harassée, terrassée,
épuisée inexprimablement, que termine une balle de
revolver. Il meurt, son œuvre faite ; un hautain et mé-
prisant défi à tous les peintres qu'allait subjuguer
Cézanne.

Cet homme fut un fou ; c'est vite dit ! Toute la peinture explose, picrate, fulgure, flambe par son œuvre.
Partout, il ne voit que flammes et incendie. C'est de la
peinture d'Enfer, creusée, ravinée par les furieux coups
de ringard d'un peintre « épilepsié » par le génie.
Rien de pareil avant, rien de pareil après. Le plagier
ferait éclater de rire. Il naît, il peint, il meurt, seul,
effroyablement seul. On se détourne de lui comme d'un
pestiféré. Il représente la bête humaine si basse, si
odieuse, si exaspérée de stupidité, que tous s'écartent
de lui. Sa vie est un calvaire, sans Madeleine ! Si ! sa
Madeleine, c'est son bon frère Théo qui l'empêche de
mourir plus tôt, qui lui donne son pain quotidien. Dieu
même l'abandonnait !

PORTRAIT DU PÈRE TANGUY

Les Décorateurs

Ils ne sont pas, les peintres choisis pour ce groupe, essentiellement des décorateurs. Ils peignent tous également des tableaux de chevalet et des portraits. Mais le meilleur de leur talent vise incontestablement à l'effet décoratif, à la recherche de l'arabesque et à l'équilibre des plans colorés. Enfin, on imagine, peut-être à tort, qu'ils sont plus à l'aise quand ils ont devant leurs yeux une vaste toile ou un large mur de palace à couvrir. Les uns et les autres ont déjà réalisé en ce sens des prouesses notoires.

ANQUETIN. — Anquetin affirme qu'il possède, lui seul, la technique des grands Maîtres, simplement. Aussi au moment où la danse sévit — et convulse tout, même la Peinture, est-il le seul à suivre la grande tradition, je veux dire : l'amour des vastes « machines », dites historiques et décoratives.

Pour Anquetin, il n'y a qu'un seul dessin valable, celui qu'inventa Rubens. Il faut *voir* redondant, grandiloquent et fastueux. Une toile qui n'est pas à voile est une œuvre sans valeur, un déchet, une panne — ou un labeur de jeune demoiselle.

Toutes les œuvres d'Anquetin — celles du moins dont il se souvient — sont comme mises en train à coups de poing, à grands renforts de muscles, et définitivement achevées d'une puissante poussée d'épaule. Pour cet homme, les muscles comptent double, triple. Il en invente * que Michel-Ange lui-même n'a pas connus. Et tout ce travail de pugiliste, d'athlète, reste, malgré tout, indécis, flottant, mou, amorphe. Anquetin est un autre Titan qu'écrase d'une chiquenaude l'art ingénu, spirituel, d'un Laprade.

Tout de même, je vois assez Anquetin décorant une taverne, un restaurant pour goinfres, un lupanar pour personnes obèses. Son amour des grosses fesses est sans bornes. Toute capitonnée de fossettes, la chair s'épanouit, sous sa brosse, en rotondités de sphère, en apothéose de mamelles. En 1900, un restaurant, dit de l'Hippodrome, décoré par Anquetin, offrit aux regards émerveillés les charnelles prouesses des personnes qui se nourrissent bien ; et rien, somme toute, n'était meilleure tentation pour les voraces et les gloutons ; car, tout : ventres, cuisses et tétons, tout était matelassé, rose, plein, brillant, vantait vraiment les effets de la bonne chère et des liquides.

Anquetin ne peint plus maintenant, mais il conférencie. Il tâche d'amener chez Rubens les jeunes gens qui vont chez Matisse. Il prêche pour rien. Nouveau Jérémie, il se lamente. Son galimatias oratoire vaut son galimatias pictural. Rien ne sort plus de lui.

Un vieux grognard, lui aussi, des premiers Salons des Indépendants. Mais la terre tourne ; la jeune Peinture a joliment évolué ; et Anquetin est oublié avec son tromblon héroïque, qui ne projette plus, parfois, que les innocentes balles des techniques et des traditions qui ont fait leur temps.

CH. BISCHOFF

JEUNE APTOISE

BISCHOFF. — J'aime de ce peintre l'éloquente sobriété
du dessin et de la couleur, une synthèse subtile qui
n'exclut pas le charme et qui n'éparpille pas votre plaisir à regarder, à admirer.

Des natures mortes, des portraits, des paysages,
toute l'œuvre à ce jour de M. Ch. Bischoff est d'une
distinction certaine. Tout cela compose de savoureuses petites et moyennes décorations pour des murs
de gaie demeure, où l'on aimerait à penser et à vivre.
Oui, ce serait-là — j'imagine ! — ces aimables
tableaux, de bons et sûrs compagnons, qui ne crie-
raient pas devant vos yeux, qui ne vous assourdiraient
pas de leurs tons dosés et bercés par un rythme si
caressant !

Ah ! doux paysages, verts tendres et rouges des
tuiles de la campagne provençale, avec quel plaisir je
vous ai regardés, une après-midi d'hiver, dans le haut
de ce Montmartre tout blanchi de neige ! Quels souvenirs chantiez-vous, terres plaisantes autour d'Avignon,
terres où les arbres s'étirent et se gonflent, où les
murailles prennent des ors de marbre antique et des
rouges des arènes anciennes !

Et, Bischoff, vous m'avez montré aussi de délicates
natures mortes, délicates par leur couleur légère,
car la simplicité du sujet était toute moderne ; et il n'y
avait là que des paniers, des pommes, des fleurs et pas
même une table en acajou !

Enfin, vos portraits, toute la grâce des femmes et
des enfants ; le dessin d'une bouche souriante, l'éclat
des yeux qui mangent à plein la Vie ! Puis des nus ; car
il faut bien que tout peintre en vienne-là, pour se
prouver de temps en temps qu'il est ardent, vigoureux,
quand il y a tant de jours où l'on se contente, où il faut
se contenter de ne peindre que trois pommes sur une
serviette ou une fleur rare dans un verre rare !

BONNARD. — La fantaisie, la grâce, l'ingénuité, l'espièglerie, le charme adorable, l'exquis raffinement, tout
enfin a été accordé à Bonnard. Et avec une telle joie de
peindre qu'il a peint tout ce que l'on peut voir, tout ce
qui est terrestre : les paysages, les intérieurs, les nus,
les portraits, les compositions décoratives, les chiens,
les chats, les bateaux et les voitures. Et je suis même
sûr qu'il a peint des anges ; car il y a des portraits peints
par lui où l'on a des têtes d'anges, à moins que ce ne
soit des têtes de chat ou de chien pékinois.

Avec une tête de comptable, il vous a des yeux
terriblement vifs et si bougeurs qu'on se replie, qu'on
se cotonne, qu'on se ouate. C'est pour cela qu'on n'a
pas l'air, dans les tableaux de Bonnard, d'avoir une
armature. Et, cependant, c'est joliment cela ! Dès qu'on
ne bouge plus, bêtes et gens, on a l'air de porte-épin-
gles ; et tout tombe mou, bras et jambes.

Et sa couleur est aussi toute une invention de lui.
Elle est joyeuse, assoupie, profonde, enveloppante,
cette alerte couleur où tous les verts se répondent,
depuis le vert argenté jusqu'au vert sombre ; où les
jaunes font un chaud concert de canaris ; où les roses
prennent des airs de lards anciens ; où les bleus
s'assourdissent pour mieux reculer dans le ciel !

Et Bonnard peint toujours. C'est ce que c'est ; mais
c'est toujours amusant, enchanté, exquis. Je serais
autobus que je serais vraiment joyeux d'être dessiné
par lui. Je poserais bien grave et il me transformerait
en une espèce de carosse pour gala de chiens de
cirque. Car ce diable d'homme saurait faire d'un pneu
une corbeille à fruits et d'un capot un bassin à poissons rouges. Et tout cela avec ce métier que vous lui
connaissez, haché, pris, repris, lié, emmêlé comme un
peloton de laine.

Si j'étais chat ou chien, certes, mon contentement
serait plus vif. Car alors nulle physionomie éveillée,
sournoise, n'égalerait la mienne ; et je dormirais tout

fondu dans les bras d'une promeneuse ou sur la ter-
rasse dorée d'un paysage du Midi, tout baigné de cha-
leur et de lumière.

Enfin, si Bonnard entreprenait de faire mon portrait,
qu'est-ce que je me dirais? D'après l'animal qu'il ren-
contrerait sur sa route, en venant chez moi, je serais ou
cheval, ou chien, ou écureuil; car je ne pense pas qu'il
irait jusqu'au Jardin des Plantes pour m'infliger la plus
lourde, la plus accablante ressemblance qui soit!

Et c'est pour cela, en somme, que nous recherchons
Bonnard : pour sa gaité, pour sa science toujours ber-
cée par la Fantaisie, pour sa joie de peindre qui se
manifeste en courtes hachures prises, reprises, cares-
sées, dosées par deux petits yeux vifs, noirs, aigus,
terriblement bougeurs, et qui rient, et qui vrillent, et
qui fouaillent, et qui excitent sans cesse une main heureuse, déjà porteuse pourtant de tous les dons du bonheur et de tous les enchantements de la Nuance.

BOUSSINGAULT. — M. Boussingault peint des compositions décoratives qui ont de l'attrait et une distinction réelle. C'est d'un art volontairement simple, mais
qui remplit aisément de vastes surfaces. Je vois très
bien M. Boussingault décorant des halls d'hôtels par-
ticuliers ou mieux encore de palaces. Mais on trouve-
rait vraisemblablement que l'aspect général de ses
compositions est sourd et peu contrasté. Les lendores
qui hantent les hôtels aiment le mouvement, le tumulte,
la bataille; et ils recherchent la couleur qui explose,
qui picrate! M. Boussingault ne leur donnerait rien de
tout cela. Je me souviens, — avec plaisir! — d'un
Pesage, où des croupes de pur-sang s'arrondissaient en
larges plans solides, et où une fille, sous son ample
chapeau, mettait la souveraine distinction d'une haute
putain, entretenue, elle aussi, dans une litière chaude
et coûteuse.

DELTOMBE. — Portraits, natures mortes, paysages, M. Deltombe a réalisé, dans chacun de ces genres, d'intéressantes œuvres. Mais le paysage essentiellement décoratif semble être maintenant la constante préoccupation de M. Deltombe. L'atelier de tapisserie qu'il a installé à Nantes va, du reste, le garotter devant les arbres à panaches, devant toute une nature apprêtée, qu'il arrangera encore ; et dont il a déjà tiré les vifs spectacles qu'on a pu voir, lors d'une exposition récente, dans la galerie Druet. Et si, demain, M. Deltombe voulait interpréter les animaux de haute et basse-cour, qu'il aime tant, et dont il parle avec un lyrisme si pittoresque, certainement il nous donnerait enfin des images neuves, qui nous arracheraient peut-être au joug des Japonais et des Chinois, ces incomparables dessinateurs des oiseaux, des chiens, des chats, des biches et des singes.

FLANDRIN. — Flandrin a un goût certain des panoramas. Il adore mettre quarante kilomètres de superficie dans ses toiles, — ou bien encore les entours de la Tour Eiffel, la Tour comprise. Représenter également les montagnes, c'est pour lui un jeu. Cela fait de vastes toiles très décoratives, mais qui ne s'adressent qu'aux palais.

Il peint aussi des toiles de chevalet. Elles sont très composées. Personnages et animaux y voisinent, en taches agréablement vivantes. Enfin, Flandrin aime les ballets, au théâtre ou dans la nature.

C'est un décorateur-né pour salles de théâtre — ou pour toute autre chose. Ce n'est pas un art qui s'enfle toujours jusqu'aux nues ; mais c'est un art séduisant, ou, pour tout affirmer, en un mot : un joli régal d'art.

GIRAN-MAX. — Une des figures les plus pittoresques, les plus picaresques, devrais-je préciser, de la jeune Peinture. Le type même du rapin, sans cesse de bonne

BOUSSINGAULT

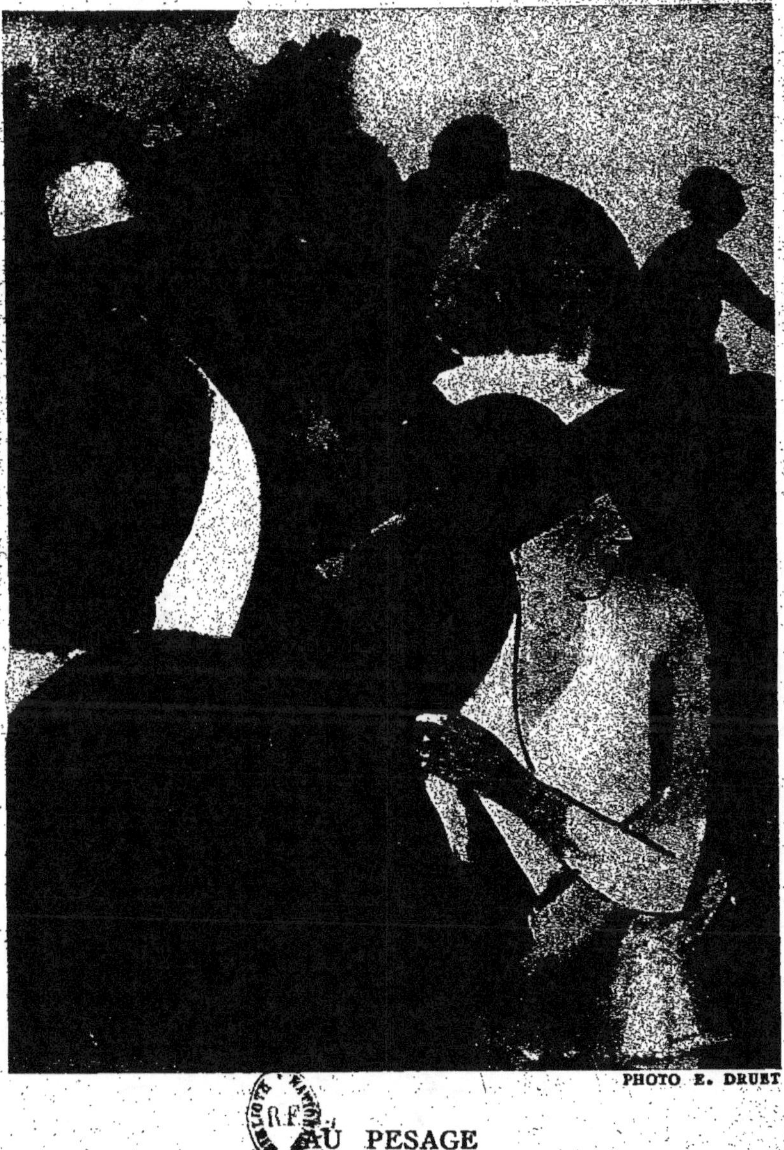

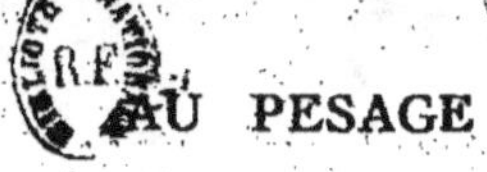

PHOTO E. DRUET

AU PESAGE

humeur, ayant eu une parenté au Boulevard du Crime, quasi enfant de la balle, un Parigot pur-sang, de la drôlerie à jet continu, un courant d'air de mots, un besoin de changer de place et je dirais presque de métier ; aujourd'hui assis gravement pour un portait à peindre, demain escaladeur d'échelles pour panorama ; mille projets en tête, mille combinaisons, amoureux de tableaux, de bibelots, toréador enfin, oh ! picador maintenant, un des plus vrais aficionados français, et pêcheur à la ligne, à Neuville près Pontoise ; et, présentement, avatar incroyable, insoupçonné, sculpteur, architecte, auteur de monuments aux morts pour la Patrie, pour petites villes de Provence, cette Provence dont il a aussi tout de même quelques gouttes de sang, cette Provence où il se réfugie, où il va vivre, dès que la pluie tombe ici, maligne, dès qu'il fait un peu froid, comme il dit en riant et en se passant la main, drolatiquement, dans ses cheveux absents !

Il a peint en Provence, à Auvers, ailleurs, surtout à Auvers dont pas un champ, pas un arbre ne lui est inconnu. Il a été l'ami de tous les peintres de Pontoise : Pissarro, Vignon, Cordey, Vogler, Gachet, — et Murer. Il a pris dans l'Oise les plus beaux poissons — il l'affirme ! — et il a brossé je ne sais combien de champs de coquelicots pour l'ancienne galerie Crombach !

Donnez-lui cent mille francs, il vous dénichera aussi le plus beau Cézanne, le plus rare Renoir. A Marseille, il est l'oracle écouté. Il débusque les faux attribués à Monticelli, comme un bon chien de chasse lève un lièvre. Il va se reposer, cet été 1920, en décorant, à Marseille, un restaurant fameux : *Le Temple des Gourmets* ; où l'on nous promet de miraculeux oursins et de savoureuses bouillabaisses, à déguster sous la peinture truculente, ardente, vivante et heureuse du bon peintre Giran-Max !

GUÉRIN. — M. Charles Guérin est une sorte de peintre honnête égaré dans les locatis italiens. Mais c'est aussi un peintre frivole attaché aux larges jupes des Dames sur des terrasses de parc.

Une de ses meilleures qualités, c'est de ne point varier, de rester toujours fidèle au modèle qu'il connaît bien, aux objets de nature morte, qu'il consent seulement à changer quelquefois de place.

Il a un dessin et une couleur bien à lui. Son dessin est parfois un peu rond, cotonneux; et sa couleur, souvent, est sourde, pesante. Mais rien n'est plaisant comme les tableaux où M. Charles Guérin s'est complu à représenter des architectures des siècles derniers, temples ou façades de châteaux, qui servent de décors à des promenades de grandes dames, escortées de pages fardés et de petits chiens frisés !

Je crois que voilà le préférable ensemble dans l'œuvre déjà touffue de M. Charles Guérin.

JAULMES. — M. Jaulmes est un décorateur qui se retrouve très bien dans les plus vastes cartons pour tapisseries qu'il dessine. Il a le goût lucide de l'arrangement, un goût même très abondant; et qui lui permet d'accumuler les objets les plus hétéroclites sans que la composition générale se distende. Rappelez-vous en ce sens son envoi au Salon d'automne de 1919 : *Le départ des troupes américaines de Philadelphie et leur défilé devant le monument de l'Indépendance*; et encore *les cartons de tapisserie destinés à orner les salles du musée Rodin.*

Ce très bel envoi, avait été, il est vrai, précédé par de nombreuses peintures décoratives, dont on admira un choix, au printemps de 1914, chez Druet.

MANZANA-PISSARRO. — A l'opposé de son illustre père qui hanta les champs, les sentes aux choux, les villages de Pontoise ou d'Auvers, — qui représenta des

LE TORÉADOR

moissonneuses, des glaneuses, des bergères, — en un mot toute la vie de la campagne ; M. Manzana-Pissarro, lui, s'est jeté dans le harem, en plein Orient, en pleins contes arabes.

Et il a peint des poétesses sur fond d'or, avec des paons, symbole de l'orgueilleuse sottise. Et il a peint aussi des *Femmes aux oiseaux*, des *Femmes au zèbre* et des *Femmes aux perroquets !*

Tout cela constituerait, tout de même, de riantes enluminures, si les dimensions en étaient réduites. Mais M. Manzana-Pissarro voit des tableaux où il ne faudrait voir que de petites estampes à la manière persane. C'est peut-être là ce qui retarde un peu la réussite complète de ses galantes inventions.

RANSON. — Rappelons-nous les œuvres de feu Paul Ranson ; œuvres intimes et de couleur sûre. Il réalisa aussi de beaux panneaux décoratifs. C'était un esprit ingénieux et fertile. Nous voyons encore cet autre disparu, Georges Lacombe, sculpter les marionnettes destinées au théâtre de Ranson.

SÉRUSIER. — Au temps lointain, M. Paul Sérusier prêchait la bonne parole à ses camarades Bonnard, Vuillard, etc. C'était le moment de ces autres parlotes qui succédaient aux parlotes du café Guerbois, champ de bataille des Impressionnistes. On crut alors que M. Paul Sérusier serait le porte-étendard de ce nouveau jeune groupe. Les années passèrent ; et le drapeau aussi passa aux mains de Bonnard, qui, doucement, lentement, sans tapage, était devenu le plus fort et le plus méritoire.

Aujourd'hui, après un gros labeur, M. Paul Sérusier a figure de patriarche de campagne ; et, comme tel, il n'aime plus que la saison qui vient ensevelir dans l'hiver toutes ses nostalgies et tous ses rêves.

M. Paul Sérusier ne chante plus maintenant que l'automne, où tout est rouillé, où tout est paisible, assourdi ; et saison aussi des apparitions, des fantômes et des rondes nocturnes.

Comme il est tout indiqué pour décorer les églises des campagnes de France ! Comme son art est fruste, humble, sans faste ! J'aime moins ses compositions historiques, allégoriques ; mais la nuit, en cheminant, en traversant des sources, en montant sur des roches, en côtoyant des halliers, comment ne pas penser fortement à M. Paul Sérusier, à ses tableaux de sorciers et de gnômes, à tout ce petit peuple, méchant et sauvage, qui hante, surtout par les nuits noires, les solitudes de l'eau et de la terre ?

VUILLARD. — M. Vuillard est certainement un intimiste, mais il est encore davantage un peintre décorateur. Ses prouesses en ce genre ne se comptent plus. Il a beaucoup d'esprit, beaucoup d'invention ; et s'il est moins primesautier, moins séduisant que Bonnard, il est, en revanche, toujours sérieux et jamais pressé de terminer.

Il ne faut pas juger M. Vuillard sur ses toiles de chevalet. Elles sont souvent sèches, peu agréables, et d'une vilaine couleur générale de papier peint ; et, je le répète, elles n'ont pas la grâce des toiles de Bonnard, ni leur attrait, ni cette jolie couleur chaude et profonde qui nous plaît toujours. Mais M. Vuillard a-t-il un mur, un panneau à décorer, c'est à son adresse, à son savoir-faire, à son goût de la composition, que je m'en rapporte alors tout à fait, certain que je suis d'une complète réussite.

Ceux qui composent

Nous groupons ici des peintres très différents quant aux recherches de ligne et de couleur, mais qui ont un amour égal de la composition : nous voulons dire le même souci d'organiser, de composer enfin un tableau, en réaction à toutes les premières choses venues. Les uns sont, écrirons-nous, des rats de bibliothèques à gravures : ils poursuivent avidement tout ce qui vient des Musées, des Maîtres ; ils se jettent sur tous les documents ; ils avalent toutes les attitudes, tous les gestes, pris aux tableaux fameux. Les autres peintres, plus originaux, moins paresseux et plus audacieux, demandent à la nature — qui est encore la plus vaste bibliothèque du Monde ! — des arrangements neufs, des rythmes autant que possibles inédits, des harmonies pas trop usées. Il est certain, de toute manière, que, de plus en plus, le groupe de ceux qui composent s'accroît.

BERNARD. — La meilleure gloire de M. Émile Bernard, ce sera, peut-être, d'avoir été le confident de Vincent Van Gogh. Il vivra par les lettres qui furent publiées.

Mais M. Émile Bernard est aussi un peintre savant, tout féru de la discipline de Léonard de Vinci. Il a réalisé de beaux dessins, d'une noble austérité. Déjà, les figures orientales exposées en 1902, au Salon des Indépendants, n'étaient point sans grâce. Mais aujourd'hui M. Émile Bernard surveille pieusement son style; et il ne lui permet pas la moindre concession au goût du public. Aussi ne faut-il pas s'étonner si M. Émile Bernard est ignoré des gens qui aiment, par exemple, la peinture coulante de M. Boldini.

DORIGNAC. — M. Dorignac a peint des femmes, des enfants, sous l'influence de Renoir. Puis, il s'est avisé de construire, avec le crayon seul, de lourds dessins qui imitent le bronze. Cette bizarrerie est acceptable, comme toutes les bizarreries; mais elle est sans portée. Carrière donnait l'idée qu'il peignait toujours d'après des photographies de chez Braun; M. Dorignac donne l'idée qu'il copie toujours un bronze. Et c'est, je le répète, terriblement pesant. A bien dire, préférons les bronzes de Constantin Meunier; car M. Dorignac, lui aussi, dessine des femmes du peuple, des hommes de peine, des mineurs et des terrassiers. Ces temps derniers, M. Dorignac a sauté, il est vrai, dans la mosaïque. Il a reconstitué des scènes de la Passion avec un intérêt qui ne se renouvelle pas; car les images d'Epinal elles-mêmes nous avaient déjà donné cette naïveté d'exécution, ce vide de la composition, cette absence d'émotion directe; et elles, les images d'Epinal, elles étaient sincères, sincèrement dessinées et gravées par un Réveillé ou par un Georgin.

H. EPSTEIN

COLLECTION GUSTAVE COQUIOT PHOTO ROBERT

LES AMOUREUX

DOUCET. — Un jeune peintre tué à la guerre. Donna des promesses certaines. Un Friesz plus lourd, plus commun. Froid et irrésolu.

EPSTEIN. — Henri Epstein est une des jeunes gloires d'aujourd'hui. Il faut tout attendre de ce petit homme malingre, qui est déjà l'une de nos plus vives admirations, bien qu'il ne soit né qu'en 1892!

Ses premières toiles, à sa venue à Paris, étaient verdâtres, acides, aigrelettes; mais déjà elles étaient singulièrement attirantes, d'une bizarrerie invue et barbare. Figures, paysages et natures mortes, tout cela agaçait d'abord, puis vous prenait lentement, lentement, mais sûrement.

Puis vint plus de couleur, des toiles contrastées. Toute une série de paysages peints à Meudon, à Clamart, à Issy-les-Moulineaux. L'étrangeté s'était encore accentuée; mais elle était devenue plus enveloppante, avec des bleus métalliques, des verts sourds et des roses précieusement saumonnés. Comme Lorrain eût aimé cette banlieue parisienne ainsi comprise, telle qu'abandonnée, villas d'autrefois dans des jardins rongés de mousse!

Mais c'est en Auvergne, au cours de l'été dernier, que les plus complètes toiles d'Epstein vinrent au jour, dans l'enchantement d'une solitude que partageaient, seuls avec lui, des bergères et les animaux de la terre. Il était réservé à ce jeune peintre russe de nous débarrasser des indigentes réalités photographiques de tant de peintres! Le tableau que nous reproduisons dans ce livre est le meilleur témoignage des exceptionnels dons départis à Henri Epstein. Cette belle œuvre ne vient, enfin, ni des Musées, ni de personne. Elle est le résultat de durables méditations, de longues promenades dans la campagne, de dessins pris par centaines; et aussi, et tout simplement, peut-être, le produit d'une heureuse journée qui s'écoula à regarder des vaches, fortes comme des rocs, des chèvres diaboliques, des cabanes comme des temples, et des amants qui préparent toute fornication par des propos calmes, échangés sans amour.

FEDER. — Des couleurs assourdies, des schémas de paysages, des figures qui « vivent en dedans », un dessin qui veut être précis, mais qui est encore un peu mou, voilà l'apport — non point négligeable — de M. Feder.

Il a peint de grandes toiles : *Parade de cirque*, *Femme à sa toilette*, qui comptent parmi les meilleures œuvres du cénacle qui campe à Montparnasse.

FRIESZ. — Voici un des plus loquaces raisonneurs de la jeune Peinture ; et il a bien raison d'être ainsi, puisqu'il réalise quand même de bons tableaux.

C'est aussi un chercheur ; c'est pourquoi vous connaissez plusieurs évolutions très nettes de ce peintre. Sorti de paysages très sages, presque quelconques, il se mit à exalter la couleur au point que tout dansa devant ses yeux et devant les nôtres. Période dite d'Anvers, d'où il rapporta des tableaux colorés, un peu confus, mais adroitement composés. Paysages de l'Escaut ; péniches en bataille ; trois-mâts prêts à courir les mers.

Puis, sous l'influence de Cézanne, apparurent des jardins et des villes du Portugal, des paysages de Provence et des paysages de Munich. Baigneurs et Baigneuses, compositions à grand nombre de personnages, furent peints, également, avec un entier souci des volumes et des plans colorés.

Les toiles de Friesz sont souvent froides, mais elles ne sont jamais communes. Même quand elles précisent toutes choses, — voyez ses paysages du Jura, — elles ont un air de sérénité et de beauté, par quoi elles sont attirantes.

OTHON FRIESZ

PHOTO E. DRUET

LAPRADE. — La peinture de Laprade est naturellement
distinguée et précieuse. Soit qu'il nous présente des
figures seules et des figures dans des paysages, soit
qu'il nous présente des paysages seuls, il s'offre à nous
avec une grâce spirituelle, avec le vrai désir de nous
émerveiller.

La fantaisie de Laprade est aussi d'une variété
infinie. Il passe des masques et des personnages de
la Comédie Italienne aux sombres, graves paysages de
la campagne romaine, sans qu'il lui en coûte un effort.
Son sourire amusé fait place à un visage sérieux; et
voilà le miracle accompli.

Tout l'art de Laprade est en nuances, en douceurs
de ton. Dans les verts sourds, presque noirs, ce peintre découvre d'étonnantes profondeurs de paysages, des
enchantements de rêve, des mystères lointains. Les
ruines des vases décoratifs, des terrasses, des statues,
des vasques, des palais et des larges escaliers, n'ont
jamais trouvé un interprète plus amoureux et plus
subtil.

Il a peint aussi des nus tout parés de candeur et de
jeunesse, aussi des jeunes filles un peu infantes, un peu
grandes dames, alanguies sur des coussins, et qui
rêvent, devant des parcs abandonnés, où les choses qui
meurent n'endeuillent pas toutefois ces petites âmes
fragiles.

Et Laprade a peint encore des paysages blancs, chas-
tes, ingénus, qui jettent sur nos lèvres, en balbutie-
ments, les immaculés poèmes de *Sagesse*.

LEWITSKA. — Mme Sonia Lewitska, comme toutes les
Polonaises, est fort érudite. Elle connaît toutes les gravures anciennes, toutes les anciennes fresques, tous les
plus indifférents replâtrages des Musées. Aussi, elle
compose et allégorise à souhait. Tous les espoirs lui
sont permis. Elle a aussi, en fidèle admiratrice, la
patience de suivre pas à pas M. Jean Marchand; ce qui

lui permet de peindre tout, petites et grandes toiles :
paysages, figures, natures mortes, compositions décoratives. Et c'est surtout dans ce dernier genre que
Mme Lewitska étale ses incontestables dons d'assimilation, avec une telle virtuosité, parfois, que l'on se
demande — avec une certaine exagération, évidemment !
— si ce n'est pas le maître ancien — inexplicable manifestation d'une vie antérieure ! — qui a été, lui, influencé
par Mme Lewitska.

LOTIRON. — Tout d'abord, Jules Flandrin conseilla
M. Lotiron. Mêmes paysages lumineux, mêmes figures,
mêmes cavaliers adroitement peints sur des routes de
villages ou de forêts. Puis M. Lotiron vint aux vignettes
connues ; et l'influence de Flandrin s'atténua. M. Lotiron a, toutefois, de si exacts dons qu'il réalisera bientôt
des œuvres ingénieuses, et tout à fait, cette fois, personnelles.

MARCHAND. — M. Jean Marchand est serré et froid.
Il est garrotté par tous les souvenirs des Musées. Rien
ne vient de lui, directement. Consciencieux, curieux,
somme toute intéressant, il répudie toutes les émotions.
Le rayonnement des Maîtres l'enveloppe d'une terreur
sacrée. Il est précis et dur, parce qu'il veut affirmer,
frénétiquement, sa foi en leur génie !
Mais M. Marchand est intéressant parce qu'il cherche
toujours à s'évader de sa geôle. Pour cela, il emploie
parfois de timides ruses ou des échelles de corde qui
flottent trop encore et qui le rejettent sans cesse le long
des murailles. Il cherche à s'évader, cela se voit surtout
à ce que, pour un seul tableau, il mêle, dans une union
audacieuse, plusieurs augustes souvenirs. Mais un jour
viendra *(air connu)* où M. Marchand, définitivement
libre, clamera, gai et triomphant, l'hosanna de sa délivrance.
Pour le moment, malgré tous ses liens, M. Marchand

COLLECTION GUSTAVE COQUIOT   PHOTO E. DRUET

LE PORT D'AMSTERDAM

est néanmoins un des plus sérieux « Espoirs » de la jeune Peinture. Pour emprunter encore un mot au langage sportif — qui en vaut bien un autre! — M. Marchand est un des *comingmen* de l'huile. Qu'il secoue encore un peu la splendide défroque, splendide mais défroque pourtant des Musées; et il sera charmé de se voir courir sur le stade, plus alerte et plus original, assurément, étant devenu presque lui-même!

MOREAU. — Un tableau de M. Luc-Albert Moreau : *Le raid aérien*. Le tableau est calme, sévère, quasi rudimentaire. Il est bien composé, fortement attachant. Les personnages sont — en argot de peintre — bien d'accord. La couleur générale est assourdie, volontairement apaisée.

Nulle anecdote. Un tableau de la guerre par un peintre qui a fait bravement la guerre. C'est une belle œuvre chaste, héroïque. Concevez la difficulté qu'il y eut à se tenir ainsi entre l'emphase théâtrale et la romance.

Plus que jamais, maintenant, je crois à la possibilité — par M.-Luc-Albert Moreau et par quelques autres peintres, peut-être! — plus que jamais, je crois à la possibilité de réaliser de bons tableaux de guerre, à condition de prendre de cette féroce tragédie les moments les plus simplement dramatiques, les plus humblement émouvants. Entre les carnassières horreurs de la guerre, gravées par Goya, et les baderneries des sieurs de Neuville et Detaille, il y a place pour des tableaux semblables au *Raid aérien* de M. Luc-Albert Moreau.

Il y a place même pour beaucoup de tableaux de la guerre; mais il faudra les réaliser avec la noblesse grave, avec la distinction innée, avec l'amour des attitudes naturelles, qui caractérisent si pleinement le talent de M. Luc-Albert Moreau.

PIOT. — Les dessins de M. René Piot sont d'un haut style classique. Ceux qu'il exécute à la mine de plomb sont précieux et très expressifs.

J'ai vu des centaines de ces feuilles où il a dessiné des visages de faunes, de nymphes ou de jeunes garçons, issus de la terre romaine. Quelle gravité souriante, et quelle belle recherche du caractère ! Gaîté, vie ardente, don de soi par le rire des yeux ou de la bouche, faces volontaires closes par un rictus dur et froid, tout était rare et raffiné. J'imagine assez volontiers les riantes fresques que M. René Piot déroulerait sur les murs, salles de bains et de jeux, d'une nouvelle ville, près du Vésuve, où il n'y aurait qu'allégresse et bonheur !

J. PUY. — Figures, portraits, paysages, natures mortes, dans tous ces genres, Puy a affirmé sa jeune maîtrise. Avec une joie sans cesse renouvelée, avec une foi ardente en ses dures heures de travail, Puy a multiplié ses belles œuvres, depuis ce lointain salon des Indépendants, où, voulant surprendre notre admiration, il nous offrait d'un seul coup des natures mortes, des figures et des paysages. Et, tous les ans, ensuite, ce fut le même miracle qu'imposait le même amour !

Rappelons-nous ! Nous allions vers les tableaux de Puy comme vers un attirant spectacle ! Quel charme et quel contentement !

Et enfin nous avions devant nous des œuvres construites, organisées ! Et alors ! injustes, nous en voulions un jour à Puy de nous présenter des œuvres ainsi menées jusqu'au bout, jusqu'à la limite de son effort ; et il n'était guère mesuré. Nous en voulions à Puy de nous donner des paysages où tout vivait, à sa place, détails non point escamotés, détails qui comptaient, qui étaient nécessaires, et tout le tableau tout de même si intelligible, si bien établi en profondeur, si animé, si tout entier dans sa plénitude, dans son atmosphère, dans son air, dans sa place prise de nature, — tableau

LUC-ALBERT MOREAU

PHOTO ROBERT

LE RAID AÉRIEN

qui était, en somme, comme une chose entièrement
construite par la nature, certes, mais une organisation
d'arbres, de maisons, de champs et de routes, pour le
grand cri de joie de notre plaisir, de toute notre admiration enfin conquise, enfin arrachée par un vrai
peintre !

Et les figures réalisées par Puy nous surprenaient
encore davantage. Placées dans des paysages ou dans
des intérieurs, dessinées et peintes avec le plus vif
désir, elles étaient toujours graves, participant à la vie
sérieuse des choses, et si sérieuses elles-mêmes qu'elles
étaient immobiles, rêvant ou méditant, vivifiant certes le
paysage, mais ne le heurtant point, si douces, si tranquilles, si naturelles, qu'elles se livraient indissoluble-
ment au décor, qu'elles l'épousaient, et que, plus jamais,
il ne serait possible de les enlever, de les transporter
ailleurs, fantaisie recevable chez un autre peintre, ici,
chez Puy, fantaisie inacceptable, et telle que le projet
même n'en pouvait être retenu !

Ah ! Puy, quel bénédictin, quel Fra Bartholoméo
de la vie hors les cloîtres vous pourriez apparaître, si,
derrière vos lunettes, n'était pas embusqué le plus fin
regard malin qui soit; des yeux — ne vous fâchez pas !
— de paysan qu'on n'endort jamais, de paysan toujours
à l'affût, toujours sur le qui vive des marchés et des
ventes !

Aujourd'hui, revenu vous aussi de la guerre, vous
avez déjà repris votre labeur, votre tâche de peintre
jamais assouvi. Nous allons retrouver vos beaux
paysages, vos belles natures mortes, vos beaux portraits.

Nous allons revoir vos vivants paysages de la mer,
où les barques sont engageantes, sentent bon le varech;
où les vagues galopent, galopent, toutes blanches
d'écume.

Nous allons revoir aussi vos paysages des champs,
où, des tapis ici étalés, émergent des maisons heureuses
et des clochers hardis. Nous allons revoir enfin vos

forêts, vos bois, où tous les arbres, reconnus par vous,
sont classés, ordonnés, mis en valeur, comme les musiciens d'un bon orchestre; et vous savez bien certes
que les arbres chantent et exécutent sous le vent les
plus divines des symphonies!

Enfin, vous allez nous donner de jeunes portraits de
femmes, toute la grâce et toute la tendresse savante de
leurs chères attitudes. Nous allons les retrouver dans
des parcs, sur des plages, ou dans ces intérieurs qu'elles
ornent si puérilement de mille choses puériles! Nous
allons, grâce à vous, réapprendre à aimer la peinture
savoureuse, la belle, la grave peinture; car vous, Puy,
vous ne trichez pas, vous osez peindre, vous faites
vraiment de toute votre toile une mosaïque de tons;
et, elle chante toujours, votre toile, tous les épithalames de la couleur qui est partout, qui s'est glissée
partout, qui a réalisé une autre insigne symphonie, par
l'incantation de ses touches multiples, par le miracle de
ses accords sonores!

PORTRAIT

Les Néo-Classiques

En protestation contre le « lâché » des Impressionnistes — ô ombre de Renoir, sois généreuse ! — en réaction contre tant de tableaux pas composés, pris au hasard, découpés sans raisonnement, des peintres se sont jetés aux pieds des anciennes idoles : Ingres, David, Raphaël, etc....,

Nous avons alors maintenant des tableaux sévères, âpres, disciplinés. Toute émotion en est bannie. Quand on ne peut pas faire revivre Ingres, on ressuscite Chenavard. Le tableau n'est acceptable que s'il est dur, froid à regarder, malaisé à choisir. Mais toutefois un intérêt certain existe en ces toiles néo-classiques, bien qu'elles écartent mathématiquement — et inflexiblement — notre frénésie !

DERAIN. — Un bon géant que rien ne trouble; qui a confiance en sa résistance; et qui sait que la Peinture ne le mettra pas sur ses boulets. Un passionné — et c'est pour cela qu'il a suivi les Exaltés de la couleur, puis Courbet le Magnifique, Cézanne le Grand, et les

Nègres imposants et les Gothiques douloureux ! — un passionné qui se bat avec des amas de projets ; qui viole une toile, puis qui la laisse, pour en reprendre une autre, hier abandonnée ; Derain, un enragé de dessin, qui fait de la couleur noire pour qu'elle soit moins féminine ; Derain, patient, volontaire, amoureux de son orgue, de sa vielle, de son piano, de sa sculpture, de sa gravure — et de sa pipe ; Derain, qui préfère Avignon à Paris et Cagnes à Avignon ; Derain, enfin, « qui passe pour le plus fort dans le cénacle mystérieux où s'ébauchent les réputations de l'avenir ! »

Il part de Chatou ; et de Collioure et des ponts de Londres, il fait ruisseler des gerbes de couleurs ; puis un dessin serré, obstiné, presque dur, cerne des arbres, des maisons, étage des villes. Ensuite, livré aux statues noires arrachées aux musées ethnographiques, il réalise des figures bizarres, des portraits aux longs nez droits, rigides ; puis il s'évade, compose des intérieurs où vivent des personnages amaigris par d'implacables peines ; il revient enfin vers la vie, la vie ardente, plantureuse ; et il place dans des Thébaïdes des figures d'idylle, calmes, heureuses, comme au premier jour du monde.

Entre temps, il est ingénu, toujours ; et il se délasse avec des spectacles sortis du peuple. Il aime les images naïves ; et il peint, noir sur noir, des figures, œuvres de forçat, dirait-on, au temps de la chaîne à Toulon. Il choisit les verts sourds, les bleus métalliques, les blancs neige tachés de suie, les chairs ocreuses, le relief d'un modelé puissant. Compose-t-il une nature morte, elle est sans faste, avec des objets humbles : un verre sans pied, un bol, un pauvre raisin, une serviette de pauvre. Il cherche l'émotion dans la misère des choses, dans le plus dénué étalage de ce qui n'est rien.

Ce géant bien vivant, qui chérit tellement la vie, ne pourrait vivre dans une Trappe ; cependant, dans une Trappe spéciale, si l'on peut dire, et travaillant à ses

ROUTE DE SAUSSET (ENVIRONS DE MARSEILLE)

heures, voilà peut-être le seul peintre de notre temps
qui pourrait continuer l'art du Moyen-Age, qui fut
si vivant!

Certes une œuvre magnifique sortira de ce peintre
qui aime passionnément les recherches, et qui revient
maintenant à la tradition des hauts classiques!

HAWKINS. — Un peintre aujourd'hui démodé.

Un dessin sec, précis; la couleur comptait peu.
Décorateur, quelquefois, quelque chose comme un
Puvis de Chavannes rigide, pesant, lourdement
ennuyeux. Une dernière convulsion de l'art pictural
allemand!

LHOTE. — Voyez en M. André Lhote un autre raisonneur
de la peinture. Mais, lui, il cherche, il travaille, il
dessine, il peint avec une sage lenteur.

Cézanne, le cubisme, l'ont, tour à tour, passionné.
Certains de ses amis disent qu'il tend aujourd'hui vers
l'art de M. Armand Point. C'est une affirmation peu
juste en soi. M. Lhote est aussi grave que M. Armand
Point, mais il est beaucoup plus inventif et beaucoup
plus sensible. Un bateau même, peint par M. Lhote, est
une chose qui, — j'allais écrire : qui pense! — non!
mais qui est vivante, ardente, dans son calme voulu,
concentré, presque froid et figé.

Et ses figures, si elles sont massives, sont également
fort belles, très classiques. M. Lhote se soucie tellement
des critiques légères, qu'il aime à exposer les nombreux
dessins et les nombreuses études qui l'ont conduit à
la réalisation de l'un de ses tableaux. Ce en quoi il a
parfaitement raison. Ainsi s'il a fait un bon tableau,
il montre qu'il s'en est donné la peine; et toutes
ces études préparatoires ne détruisent pas, quoi
qu'on en dise, l'inspiration, mais il faut en avoir à
revendre.

Les amis envieux de M. Lhote lui reprochent également ses écrits. Mais M. Lhote a des précédents illustres; et, d'ailleurs, il a encore une fois raison, si ces réflexions sur la peinture tendent à aiguiser son sens critique.

M. Lhote, comme tous les bons peintres, nous présente des portraits, des figures, des paysages, des ports, des natures mortes, enfin tout ce qui peut-être peint. Nous nous souvenons de certains ports ordonnés, imposants, tranquilles, où des bateaux se dressaient comme des reposoirs. Nous nous souvenons aussi de certaines natures mortes très opulentes, où les fruits offraient des splendeurs de pierres précieuses.

MODIGLIANI. — C'est une figure singulière, attirante, que celle de Modigliani! Dans la vie la plus désorbitée qui fût, ce peintre-sculpteur et ce sculpteur-peintre sut réaliser des nus merveilleux et des portraits non moins élus.

Certes, il se répéta souvent; mais quelle originalité entière, totale! Toujours, par cela même, ses œuvres sont attachantes. Et quel dessin, habile, subtil, d'une virtuosité folle, d'une qualité unique!

D'un trait sûr, sans reprise, il représenta des nus, des visages, où il inscrivit tous les accents, sans lourdeur, — que dis-je! — avec une délicatesse tout arachnéenne!

Certains dessins de Lautrec peuvent seuls rivaliser avec cette maîtrise si distinguée, si hautainement impertinente! Et, encore, Modigliani est-il plus synthétique, plus raffiné, plus précieux!

Il eut toutes les qualités de son Italie nerveuse, fine, exaltée. Dague preste à briller qui creusait à la volée des arabesques sur le blanc des marbres; et c'était toujours une noble signature de beauté et d'élégance.

Sans doute! beaucoup de ses nus sont trop uniformé-

A. LHOTE

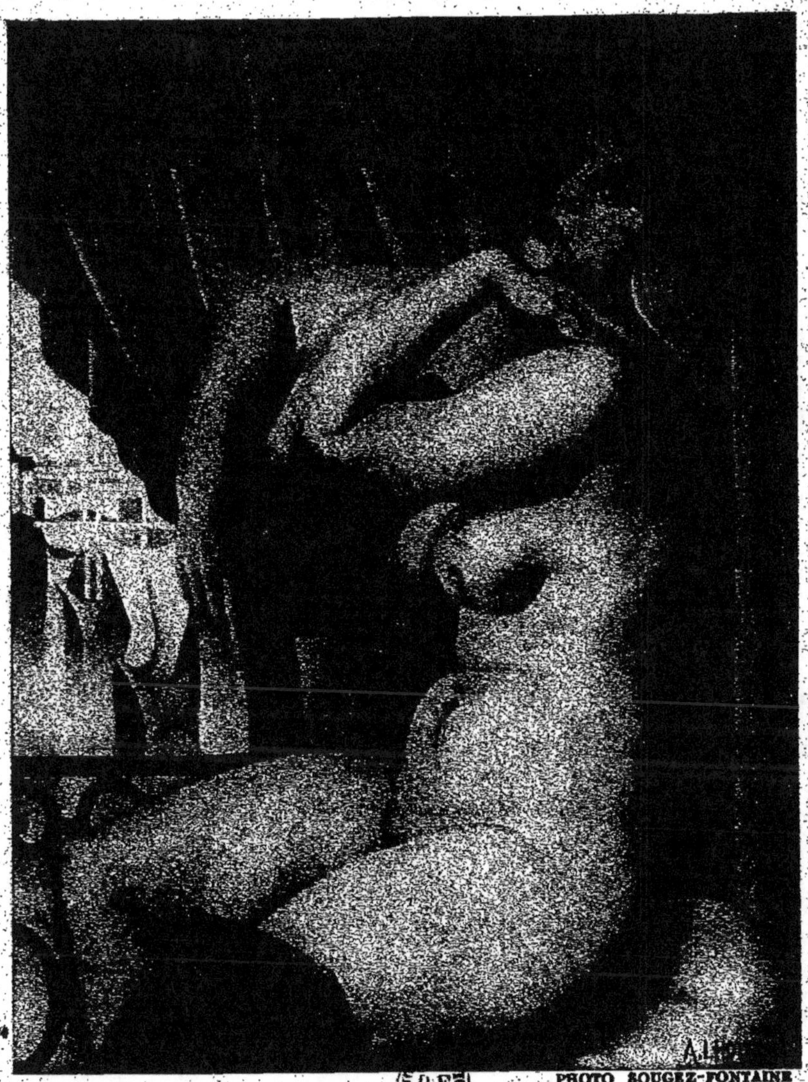

NU AU MADRAS

ment de ce ton d'abricot qui fut à la mode — et qui fit, de tant de visages de jeunes femmes, des fruits si chauds et si nostalgiques ; mais cette couleur d'Extrême-Orient — ô patine de l'opium ! — ne la préférez-vous pas aux roses eczémateux que nous infligent tant de peintres ?

Et Modigliani, d'ailleurs, vous a peints aussi, vous, les visages exsangues, pâlis par les malheurs physiologiques ou par les noces. Il vous a représentées, vous, les vierges dolentes, dont la tête chancelle sur un cou très long, d'une fragilité de tige. Goutte à goutte, il a épuisé votre sang ; et il vous a laissées languissantes, exténuées, au bord de la mort. Admirable peintre des Douleurs !

Mais, aussi, d'un coup, Modigliani se rejetait dans la vie, la vie ardente, la vie forte, la vie rouge. Et vous avez vu maintes toiles de ce genre : des garçons tout gonflés de santé, aux faces rouges, aux pattes rouges ; des filles de service, dont les cheveux noirs ou jaunes se plaquent comme huilés sur des fronts de brute.

J'aimais enfin en Modigliani un peintre qui ne se souciait de nulle exposition de peinture ; qui ne venait pas, en pirate, détrousser ses voisins ; qui vivait en lui et pour lui, avec toutes ses vertus, avec toutes ses tares. Et, un choix fait de ses œuvres, c'est un bonheur constant pour tous ceux qui aiment passionnément la Peinture !

TOBEEN. — Il fut l'ennemi résolu de toute banalité et se complut dans des recherches picturales toujours passionnément attirantes. Après avoir été un peintre amoureux des grandes fresques, d'un dessin solide, volontaire, têtu ; il devint luminariste à l'excès ; et il dégrada des halos et des rayonnements de soleil en fusion. Aujourd'hui, il semble épris des hauts et des bas-reliefs antiques ; et il atteint à leur noblesse grave, à leur cadence, à leur mesure et à leur rythme. Son dessin reste encore accusé, d'une rare fermeté. Il contourne

avec élégance des noirs et des blancs du plus sûr effet.
Ses tons de chair rappellent le brun-jaune des Figures
de Derain ; mais ce n'est qu'un rappel ; car Tobeen
a inventé un style pour lui, qui est bien à lui!

VALLOTTON. — M. Félix Vallotton est l'homme le plus
entêté, le plus froid, le plus inaccessible que je
connaisse. Ni les hommes ni les choses n'ont de prise
sur lui, comme ça, tout de suite. Il faut à M. Vallotton
le temps d'une longue réflexion, suivie de méditations
non moins opiniâtres.

Il y a de lui des petits tableaux charmants : petits
paysages et petits intérieurs amusants ; amusants, à un
certain point de vue, toutefois ; car ils sont bien aussi
glacés que M. Vallotton lui-même, les personnages
qu'il place dans de petits intérieurs. Cela, tout cela a
l'air d'être d'un pète-sec !

Mais loue-t-on M. Vallotton d'avoir peint ces charmants tableaux, charmants peut-être parce que réduits,
vite il se lance dans de vastes compositions qui font
penser, par l'ampleur philosophique, à Chenavard,
l'ennuyeux et terrible Lyonnais !

Heureusement, M. Vallotton revient non moins vite à
ses beaux paysages calmes, sévères, quasi historiques,
qui rappellent lointainement le souvenir d'Hippolyte
Flandrin ; et il reprend non moins rapidement ses nus
féminins, austères, ingrisés, réalisés avec la plus
tenace envie de déplaire et au modèle lui-même et à
l'amateur qui, en général, devant les nus féminins de
M. Vallotton reste imperturbablement sérieux et glacé!
C'est que M. Vallotton, homme froid, n'entend pas du
tout la plaisanterie même sensuelle ; et, pour lui, un nu
féminin, c'est, à bien dire, encore une sorte de prêche!

J'entends aussi quelquefois les mêmes amateurs
grincheux reprocher à M. Vallotton ce qu'ils appellent
ses « fautes de goût ». Je veux dire : le choix bizarre
de ses modèles, des ajustements un peu singuliers, etc.

COLLECTION GUSTAVE COQUIOT   PHOTO ROBERT

PORTRAIT DU PEINTRE
PAR LUI-MÊME

Mais je réponds toujours à ces niais que M. Vallotton,
bizarre, capricieux, bourru, n'en fait qu'à sa tête;
et tant pis, ma foi, si celle-ci est mauvaise conseil-
lère, et écarte l'acheteur plein de bonnes intentions.
M. Vallotton sait, aussi bien — et mieux même que
quiconque! — que beaucoup des nus peints par lui
sont communs, vulgaires, peu achetables pour l'amateur frivole qui se compose un sérail peint de jolies
femmes; mais de tout cela M. Vallotton ne se soucie
point; et il peint plus que jamais, et quand même s'il en
a envie, ses Jocondes de l'office et ses Pamélas d'anti-
chambre.

Voyez également ses natures mortes! M. Vallotton
n'ignore point encore que vous goûtez peu ses larges
côtelettes peintes à point sur le papier jaune de la
boucherie. Eh bien! chaque fois qu'il en aura envie, il
repeindra cette nature morte; non point pour vous
agacer! ah! certes! il ne pense même pas à vous! mais
parce que tel est son plaisir! et M. Vallotton, homme
froid, résolu, têtu, offre ainsi peut-être le seul exemple
d'un peintre ennemi-né de toutes les concessions; et
qui n'en fera jamais, jamais, pour tout l'or de ce monde,
à qui il est bien résolu à ne pas plaire par des moyens
faciles, et, en somme, vous le savez bien, à la portée de
tous les peintres!

TOBEEN

DANSE.

PHOTO ROBERT

Les Peintres sacrés

Evidemment, à notre époque où toute croyance
est depuis longtemps écroulée ; à notre époque où
plus rien ne subsiste, dans la foule, que la frénésie
de se souiller et le cœur et les tripes ; c'est bien une
gageure que de s'entêter à peindre des sujets pieux.

Passe encore quand une église de village réclame
une *Pieta* ou un *Christ en Croix* ; mais on sait que
cette occasion est rare en ce sale temps tout entier
consacré aux vidanges de l'argent. Alors ? Alors ? je
ne sais plus ; et je continue de me demander pourquoi des peintres sacrés dressent sans cesse ces
sacrés reposoirs de l'huile !

Surtout qu'un libre-penseur — et le cas est fréquent ! — achète ces toiles ; cela me dépasse. Et si
je dis que le cas est fréquent, c'est que je ne compte
plus les incroyants qui possèdent des « Eglises
chrétiennes », des « Scènes du Golgotha », des
« Trahisons de Judas » et des « Apparitions de la
Vierge » —, enfin tout ce qui peut assurément le
mieux du monde leur déterger les intestins !

Mais alors si les peintres sacrés travaillent surtout pour des athées, c'est affreux! et je défie bien le plus astucieux raisonneur de me prouver que les peintres sacrés ont, au contraire, toutes bonnes raisons d'agir ainsi. Car, enfin, qu'on le veuille ou non, il arrivera toujours un moment où le libre-penseur, se reprenant, brûlera avec joie la toile; et alors, si c'est un chef-d'œuvre — tout arrive! — nous serons bien avancés!

Je sais bien qu'il y a un moyen simple d'arranger tout cela. Mais allez donc demander à un peintre sacré de ne plus peindre des tableaux sacrés. Quand on a touché à ce genre-là, on ne peut plus le lâcher. On perdrait du coup toute considération; et comment marcherait-on dans la rue, du jour où l'on n'aurait plus son nimbe?

DENIS. — L'œuvre de M. Maurice Denis, à ce jour, est considérable. Aussi, qu'il y ait des tableaux moins bien venus que d'autres, cela ne fait pas de doute; mais, dans les toiles réalisées de M. Maurice Denis, il y a d'enviables qualités.

A coup sûr, sa personnalité est entière; et tout ce qu'il compose ne vient pas directement des Musées; c'est pourquoi une toile réussie de M. Maurice Denis a tout l'attrait d'un plaisir neuf.

Ses paysages et ses figures vivent presque toujours en parfait accord — de composition et de couleur. Les unes sont faites pour les autres. Et tout cela est si bien mis en page, qu'on loue maintes fois la grâce, la noblesse, le style du tableau.

Certes, le dessin paraît, quelquefois, un peu mou, un peu rond; et la couleur est généralement terne,

F. VALLOTTON

PHOTO E. DRUET

allant d'un ton de plâtre au rose, en passant par un vert
sourd et un bleu éteint; mais M. Maurice Denis, en
répudiant ainsi les violences, parachève des peintures à
apparence de fresques, qui, une fois placées sur des
murs, constituent de réelles décorations.

Et cela, c'est le but même, c'est le seul but, au fond,
de la peinture. L'anecdote, le paysage découpé, tout
cela nous tente trop souvent; il est bon que, de temps
en temps, un peintre comme M. Maurice Denis nous
rappelle à la sagesse.

De la guerre elle-même, M. Maurice Denis nous a
donné d'autres fresques. Il a volontairement laissé de
côté tous les spectacles de folie homicide, pour nous
représenter, tels des saints Georges modernes, des
artilleurs casqués, dans de froides attitudes de meur-
triers impassibles.

Et que de tableaux encore il faudrait évoquer! Que de
scènes religieuses offertes, c'est entendu, un peu trop
aimablement, peut-être; mais doit-on rugir, clamer
toujours, comme l'exigeait Huysmans? ou ne peut-on
pas, en ce temps où l'Église chancelle, rappeler sans
cris, sans colère, sans fureur, qu'il y eut des spectacles
assurément humbles, et tout pleins d'une candeur
résignée? Certes M. Maurice Denis, peintre sacré, ne
hurle pas comme un Grünewald ou un Lucas de Leyde;
mais, à tout bien considérer, doit-on blâmer M. Maurice Denis de se rapprocher plutôt des doux peintres
de l'Ombrie — et de nous donner des tableaux un peu
trop agréables, soit! mais dont la saveur, toute
moderne, n'est assurément pas pour nous déplaire?

DESVALLIÈRES. — M. Desvallières travaille dans la
peinture religieuse, après avoir illustré les poètes du
premier amour. C'est un peintre qui rend accessibles
aux gens du monde les effrois et les épouvantes de la
religion catholique. En 1920, alors que l'Église, — Vati-
can en tête ! — n'a pas su briser le flot de l'incrédu-

lité quasi universelle, il est convenable, assurément,
de ne plus montrer le Christ sous des aspects rébar-
batifs et terribles. M. Denis, autre peintre sacré, a
fort bien compris, lui aussi, cette douloureuse nécessité.

Certes, douloureuse ! Car il faut bien avancer que les
tableaux dits religieux ainsi offerts perdent beaucoup
en intérêt. C'est un peu de la peinture pour églises
mondaines, où l'on bat la retape des gens riches à
force de rigodons musicaux et de prêches de bon ton.
Je sais bien que cela encore affolait Huysmans ; mais
qu'y faire ?

Déjà, depuis longtemps, du reste, dans presque toutes
les églises, le branle était donné. Je ne sache pas
en effet qu'Ary Scheffer et Hippolyte Flandrin aient
été, eux aussi, des peintres durs ; ils ont bien accom-
modé, au goût du jour, des *Cènes* et des *Montées au
Golgotha* ; ils ont bien macéré dans les fards les plus
tendres, dans les onguents les plus vantés, leurs
Saints et leurs Saintes ; ils ont bien salopé, pour tout
exprimer, le céleste Empire ; et, à voir, d'autre part,
l'empressement avec lequel les curés ont « bazardé »
leurs vieux saints de bois, leurs vieux tabernacles,
patinés par le courroux des temps, pour remplacer
toutes ces choses sacrées par les bondieuseries de la
place Saint-Sulpice, vraiment on était très engagé à
suivre le mouvement ; et MM. Denis et Desvallières,
peintres sacrés, n'y ont pas manqué.

Pourtant, pourtant, il faut bien se répéter — et répéter surtout aux imbéciles ouailles — qu'un peintre
sacré ne saurait faire œuvre louable, en vivant de toute
la vie et dans toute la vie contemporaine ; car, elle est
bien, celle-là, un des moments les plus infâmes de toute
l'Histoire, à voir l'amas de gredins qui pullulent et les
armées à pleins effectifs qui souillent, à lourdes tripes,
les Chambres législatives où elles se retirent.

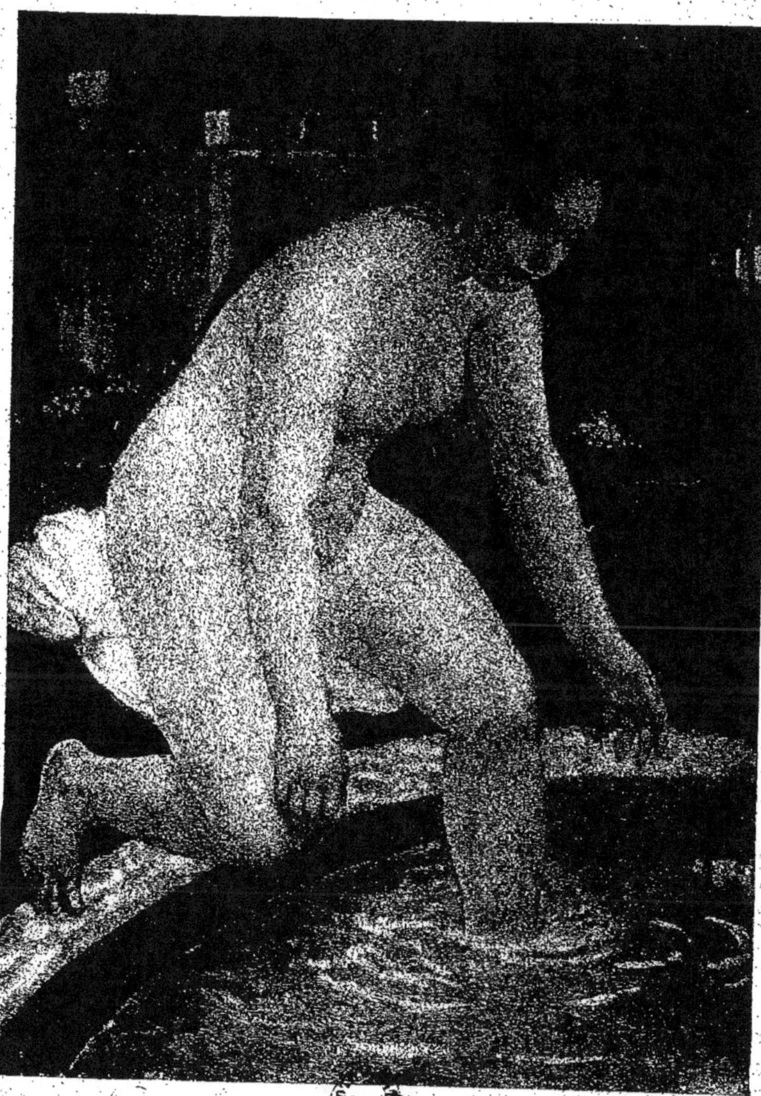

BAIGNEUSE

DULAC. — C'est pour votre glorieuse mémoire, Hüysmans, que je mentionne Charles Dulac ; et aussi parce qu'il eut beaucoup de joie à peindre des natures mortes et des églises ; avant que de vous enchanter — après sa conversion ! — avec ses peintures sacrées et ses lithographies pieuses.

Que de souvenirs ! Hüysmans, Ligugé, la mort de Dulac ! Tout s'effondra ! Et elle vint, cette mort, si subitement, que, du coup, Hüysmans perdit tout espoir de retrouver un jour un peintre « propre ». Il ne pouvait pourtant pas se rabattre sur M. Girieud, peintre sacré et marseillais ! ou sur M. Lombard, autre sacré peintre marseillais !

FILIGER. — M. Filiger, avec une tenace ambition de recommencement, avec une volonté têtue de retourner en arrière, imagina des Christs naïfs et des scènes mystiques, où les personnages ont des maigreurs de consomption et des anémies morbides. Or, en ce genre, on sait que les maîtres de la Souabe firent de même ; et qu'ils laissèrent de tels tableaux que toute comparaison est vaine.

MARCEL-LENOIR. — M. Marcel-Lenoir est assurément un des plus estimables parmi les peintres sacrés. Il se donne, lui au moins, la peine de dessiner et de peindre des figures élues, au lieu de prendre dans son entourage des faces de Christ ou d'Auguste Mère !

Et M. Marcel-Lenoir encore, depuis de longues années, s'en tient à son travail sérieux ; il ne saute pas des rigodons champêtres à des crucifixions ou à d'autres scènes religieuses.

Il n'est peut-être pas, lui non plus, en ce triste temps, un Fra Angelico sûr ; mais, à tout prendre M. Marcel-Lenoir est encore un des seuls peintres actuels qui sache établir une fresque, sans brocanter la Religion, ses pompes et ses œuvres.

Les Fantaisistes

Les Fantaisistes sont d'agréables sires, mâles et femelles, qui se plaisent à nous divertir par d'ingénieuses toiles, où, souvent, il y a une délicieuse pointe de cocasserie! Ah! ne répudions jamais ces folâtres convives! Pensez à un banquet où vous ne verriez jamais que M. Vallotton et M. Mainssieux! De temps en temps, les serinettes des Fantaisistes sont d'un alerte attrait dans la forêt des peintres. Elles nous ravissent, elles nous captivent, elles nous entraînent, avec des rires, avec des cris joyeux, jusqu'au petit palais enchanté des plaisirs!

DRÉSA. — M. Drésa est le dessinateur et le petit peintre né pour ces boudoirs où les filles et les femmes du monde aiment à couver la totale imbécillité de leurs pensées. A des cervelles de levrettes, il faut des fanfreluches, des rubans, des jardins, des danseurs costumés, des singes hardis et des cygnes indolents. M. Drésa, avec une fécondité surprenante, leur fournit tout cela; et c'est fort spirituel, et c'est fort galant!

Je sais bien que M. Drésa est tout de même très coupable d'agir ainsi ; car, enfin, s'il n'existait pas, les autres peintres, les bons peintres pourraient, dans les boudoirs, caser leurs œuvres ! Ah ! comme c'est peu connaître les filles et les femmes du monde ! Mais, quand elles n'ont pas acheté un dessin, une aquarelle de M. Drésa ; eh bien ! pour avoir des rubans quand même, elles en nouent à des clefs de meubles, à des ampoules électriques, à des dossiers de chaises, à des poignées de salamandre ! Des fleurs ! elles en mettent dans des bidets de faux Rouen, dans des bassinoires, dans des fonds de bain ! Elles n'ont pas encore un Drésa ! Eh ! bien ! elles achètent de fausses gravures anglaises, des retapages du dix-huitième, une fureur !... Direz-vous, alors, une fois de plus, que M. Drésa est coupable ? mais, au contraire, c'est un homme providentiel, et à qui il faut souhaiter longue vie. Car, enfin, comme de deux maux il faut choisir le moindre, j'aime encore mieux supporter les œuvrettes de M. Drésa que toutes les niaiseries qui font de tant de boudoirs parisiens et mondains d'irrésistibles « vomitoires ».

DUFY. — M. Dufy est un peintre d'une telle adresse, d'une telle virtuosité, que tout lui est permis. Il a pu peindre sous l'influence de Van Gogh et de ses camarades Friesz et Marquet, sans trop de casse. Cubiste, il est devenu ; et il a su réaliser des tableaux alertes, joliment délicats, d'un esprit indéniable et d'une gaminerie spirituelle. L'image d'Epinal même l'a tenté ; et il a ajouté son esprit, sa distinction, son élégance, au labeur des ordinaires imagiers. Quant à la diversité de son œuvre, elle est complète. M. Dufy, bondissant et rebondissant sur tous les tremplins, peut, en vérité, tout peindre : les plages, des paysages de Paris, de Honfleur, de Sainte-Adresse, des bals champêtres, des impressions de Munich, que sais-je encore ? Tout dépend du peintre qu'il accompagne en voyage. Il n'est pas son imitateur

COLLECTION GUSTAVE COQUIOT   PHOTO ROBERT

PORTRAIT DE Mme MAURICIA DE THIERS

direct; mais il se met à côté de lui, et il le détrousse
un peu, juste assez pour n'être pas disqualifié. Et,
d'ailleurs, sa piraterie est toute de savoir-vivre. Il
prend, il ajoute à son larcin; c'est un pasticheur de
bon ton.

Et puis, tout d'un coup, il consent à rester chez soi;
et il peint alors des tableaux recherchés, où toute une
grâce délurée s'inscrit dans le plus ridicule objet;
dans un chapeau de paille, dans une table, dans un
carton à chapeau. C'est alors troussé et retroussé, du
bout des doigts, avec une prestesse d'Oriental. C'est
fait d'un coup, d'un rebroussis de pinceau; c'est sûr,
étonnamment habile et raffiné, léger, subtil. M. Dufy
fait penser à ces modistes de génie, qui, d'une chiquenaude, vous calent un ruban, une aigrette ou
une lourde plume. On est ravi; on ne se lasse pas de
regarder le joli petit tour de force accompli sans effort.
Pourquoi M. Dufy ne s'en tient-il pas à ce gracieux état
d'âme? Est-ce un mystère? ou M. Dufy, acrobate et
virtuose, veut-il se prouver à lui-même qu'il peut aisément réaliser toutes les prouesses de ses camarades?
Alors à quoi bon?

LAFORGE. — La fée de l'humour a départi à Lucien
Laforge je ne sais quel goût de l'invention cocasse,
baroque, extraordinaire. Pour Laforge, il est inutile de
faire de la peinture si l'on doit s'en tenir aux modèles
naturels. C'est dire qu'il ne fait aucun cas d'un paysage
de Courbet ou de Pissarro, d'une nature morte de
Cézanne ou de Vallotton.

Il a illustré des livres d'une manière singulièrement
drolatique. Et son dessin est tout en arabesques, rudimentaire et pourtant très savant. Un jour, en 1912, il
a fait le *portrait de Madame Mauricia de Thiers*; et ce
portrait est étonnamment dans le caractère du beau
modèle; pourtant quelle simplification de dessin et
quels tons simplement posés à plat!

Dans l'illustration de certains contes des *Mille et une nuits*, joyeusement, loufoquement, il a représenté des ânes, des femmes à larges jupes, des hommes à turbans, des parcs, des intérieurs, des baleines et des poissons rouges; et rien n'est plus drôle, rien n'est plus ingénieux, rien n'est plus spirituel. Quand les éditeurs se décideront à publier des livres enfin neufs, ils trouveront en Lucien Laforge l'illustrateur capable des plus extrêmes folies et des plus drôles, des plus réjouissants spectacles.

LAURENÇIN. — Mᵐᵉ Marie Laurençin travaille dans le Persan. Elle travaille aussi dans le Botticelli, qu'elle assaisonne à la mode persane.

Toutes ses Salomés, toutes ses Dianes chasseresses, toutes ses Arthémises, toutes ses jeunes filles et ses jeunes femmes, tout cela prend figures de miniatures agrandies; et c'est très élégant, très svelte, très agréablement paré de tons vifs — ou de tons gris très argentés.

Mᵐᵉ Marie Laurençin aime aussi les simples natures mortes, où elle peut écrire — avec joie — le mot : *Alcools !* Cela, c'est un méfait de la Littérature. Mᵐᵉ Marie Laurençin sacrifie beaucoup à la Littérature. Elle fut Muse, d'abord. La peinture ne vint qu'ensuite. C'est pour cela sans doute qu'elle s'en tient à des tableaux, en somme, assez niais, qu'elle sauve par un dessin agile et par une couleur ingénue.

MARVAL. — Oh! comme j'envie Mᵐᵉ Marval de garder son goût si vif des rubans, des fleurs et de ces mille légères frivolités qui réjouissent tant les femmes! Comme je l'envie de ne voir, chez la femelle de Socrate, chez le veau de Cézanne, que des *Rieuses*, des *Frivoles* et des *Hannetons!* vole, vole, vole!

Comme on donnerait lourd de sa vie pour retrouver une âme aussi candide, aussi éthérée! Quel enchante-

L'AUTOMNE

ment, n'est-ce pas, que de voir toutes ces *Cousettes* dans un pré, toutes ces petites folles, follettes et folichonnes jouer aussi à tous ces petits jeux innocents, si gais, si éveillés, si délicieusement puérils ?

Et, pour toute cette petite classe, Mme Marval, dont la bonté s'épanouit comme une fleur, n'a jamais assez de rubans, de couleurs fraîches, de colliers et de poupées.

Les poupées ! Ah ! être poupée, et être déposée par Mme Marval dans des parcs, sur des terrasses, ou sous un dôme de fleurs ! Ou bien encore être toujours poupée, et patiner telle une grande personne, la petite tête toute rose, dans l'émoi d'un costume à la Nijinski ! Enfin, être odalisque, et s'étirer, s'étirer, sous le vol paresseux d'un perroquet ou d'un choucas !

Ah ! oui ! Ah ! oui ! comme j'envie Mme Marval, archi-duchesse des Rubans et des Fleurs, et des Poupées, et des Cousettes et des Frivoles, et de tout ce qui est le joli Printemps ! Ah ! être peint par elle, et se voir tout petit, la figure toute rose, des fleurs plein les mains, des rubans plein les cheveux bouclés ; et être baptisé de ce titre léger, mutin, délicieux : *Mignon* ou *Mignonnet !* quel bonheur !

MATISSE. — En écrivant ce nom, j'ai été pris d'un grand frisson. Je sais que je vais parler d'un prince de la Peinture ; et je ne suis pas sans émoi. Que saint Luc, patron des Peintres, me prenne sous sa sainte garde !

Donc, M. Henri-Matisse (car il faut le distinguer d'un autre Matisse, indigne !), donc M. Henri-Matisse est un homme considérable. C'est lui-même qui l'affirme ; et, grands dieux ! je crie bien haut, à mon tour : « M. Henri-Matisse est un homme considérable! »

Je répète que M. Henri-Matisse est un homme considérable, parce que de deux choses l'une : si je ne crois pas que M. Henri-Matisse est un homme considérable ;

je vais, une fois de plus, mériter, ce que je ne veux pas : sa colère ; et si je crois, au contraire, que M. Henri-Matisse est un homme considérable, il m'expliquera avec force raisonnements pourquoi il est le peintre le plus fort de toute la jeune Peinture. J'ai donc tout à gagner à écrire que M. Henri-Matisse est un peintre considérable.

Et pourquoi donc est-il un peintre considérable ? Essayons ensemble de nous en rendre compte.

M. Henri-Matisse est un peintre considérable, parce qu'il est, de toute la jeune Peinture, le caméléon le plus changeant, le plus ondoyant, le plus divers, le plus déconcertant, le plus rare, le plus amusant.

M. Henri-Matisse, peintre considérable, n'a acquis d'autre part qu'à force de labeur et de curiosité la part de souveraineté qu'il détient ; et c'est à sa louange ! D'abord on le vit au Musée du Louvre, étudiant passionnément les Antiques, puis dans les Académies où il re-étudia les mêmes Antiques —, étant un homme considérable, donc sérieux, consciencieux et profond.

Enfin, M. Henri-Matisse se libéra. Le Musée du Louvre, ou du moins les Antiques l'étouffaient. Il ne respirait plus ; il était garotté ; il se jeta d'un bond, ivre d'air et de liberté, sur Courbet.

M. Henri-Matisse, homme considérable, peignit alors des natures mortes, oui, de simples natures mortes ; et il y a des amateurs encore présentement assez peu recommandables pour préférer ces œuvres-là à tout ce que fit ensuite M. Henri-Matisse. Aberration après tout peut-être non point négligeable quand il s'agit d'un homme aussi considérable que l'est M. Henri-Matisse.

Puis, tour à tour, et obéissant à sa nature changeante, on vit M. Henri-Matisse pointilliste, cubiste, Cézanniste, Piccassiste, Gauguiniste, Marquetiste, etc., etc. Et, chose miraculeuse, en ses avatars multiples et quelque peu divers, M. Henri-Matisse restait un

HENRI MATISSE

PORTRAIT DE M. AUGUSTE PELLERIN

peintre curieux, captivant, doué des dons les plus rares et les plus magnifiques.

M. Henri-Matisse est donc bien un homme considérable. Il le voit du reste lui-même à l'admiration de tous ses jeunes élèves et aussi à celle, sans réserve, de tous les jeunes peintres encore à la recherche d'une originalité.

D'ailleurs, il y a, plus qu'on ne le croit, une suite dans l'évolution du talent de M. Henri-Matisse, homme considérable. Même quand M. Henri-Matisse prend, une fois en passant, son bien chez Bonnard ou chez M. Vuillard, il a, néanmoins, à son usage, une distinction de style, qui est peut-être la meilleure de ses vertus.

Ah! mon Dieu! quelle situation peu enviable que celle d'un homme considérable! Voyez, en effet, le cas de M. Henri-Matisse. Il a une si lourde renommée à porter qu'il tremble maintenant devant la matière. Il ose à peine prendre de la couleur au bout de sa brosse. S'il allait se tromper? S'il allait détruire cette fraîcheur, cette jeunesse? Ce cerne fait si bien, avec le gris, l'écru de la toile. « Ah! gémit M. Henri-Matisse, homme considérable! Ne recouvrons pas cette toile! Qu'importe le visa des siècles à venir! » Et M. Henri-Matisse zèbre sa toile de si jolis tons que les applaudissements éclatent, communion et savoureuse fête de la couleur!

Ah! M. Henri-Matisse, vous êtes un homme considérable; et, cependant, à voir votre peinture, jeune, ardente, pavoisée, contrastée, on imaginerait, aisément, au lieu du monsieur docte que vous êtes, si Herr Professor sous vos lunettes d'or, on imaginerait un jeune peintre, piaffant, caracolant et pas du tout sérieux comme vous l'êtes! Et votre peinture a l'air de tant vous amuser vous-même, comme elle nous amuse, nous, si indignes!

D'ailleurs, vous êtes pour nous si plein de condescendance, M. Henri-Matisse! Que de fois, au cours des expositions publiques de vos œuvres, expositions qui sont autant de galas de la Peinture, que de fois, pour nous élever un peu vers vous, vous avez consenti à laisser exposer une ou plusieurs toiles..... banales, oui, banales ! — pardonnez-moi ce mot irrespectueux ! — et banales non seulement par la forme, mais encore par la couleur, et montrant ainsi que les génies les plus équilibrés se trompent, s'égarent vers les plus débiles admirations !

Ah ! certes, que de fois, M. Henri-Matisse, homme considérable, j'ai souffert pour vous, en vous voyant livrer à la malignité publique une plate erreur de votre jeune génie ! Que de fois j'ai regretté de retrouver dans vos œuvres des imitations, des pillages, oserais-je dire, perpétrés presque chez vos voisins ! N'y a-t-il pas un bon ange qui vous avertira un jour que vous avez trop de dons somptueux pour ne pas oser les exploiter, les mettre en œuvre, sans peur et sans reproche ?

Ah ! je sais, vous êtes, M. Henri-Matisse, un homme considérable ! et quel lourd fardeau c'est là !... Ah ! être fou de génie, comme Van Gogh, ou être illuminé, comme Chagall !...

VAN DONGEN. — C'est en vérité une chose assez singulière que la Providence ait choisi ce pêcheur du Dam, chandail au corps et pipe au bec, pour peindre les Filles et les grandes Loufoques du Paris qui foxtrotte !

C'est assurément assez insolite que ce gros garçon barbu, qui a débuté par des choses noires, communes, vulgaires, puisse maintenant peindre des figures poussées dans l'extrême pourriture des couturiers et des dancings !

Et, enfin, pourquoi aucun peintre parisien — les tentatives ne se comptent plus ! — n'a-t-il pu réussir comme a réussi ce pêcheur barbu du Dam ?

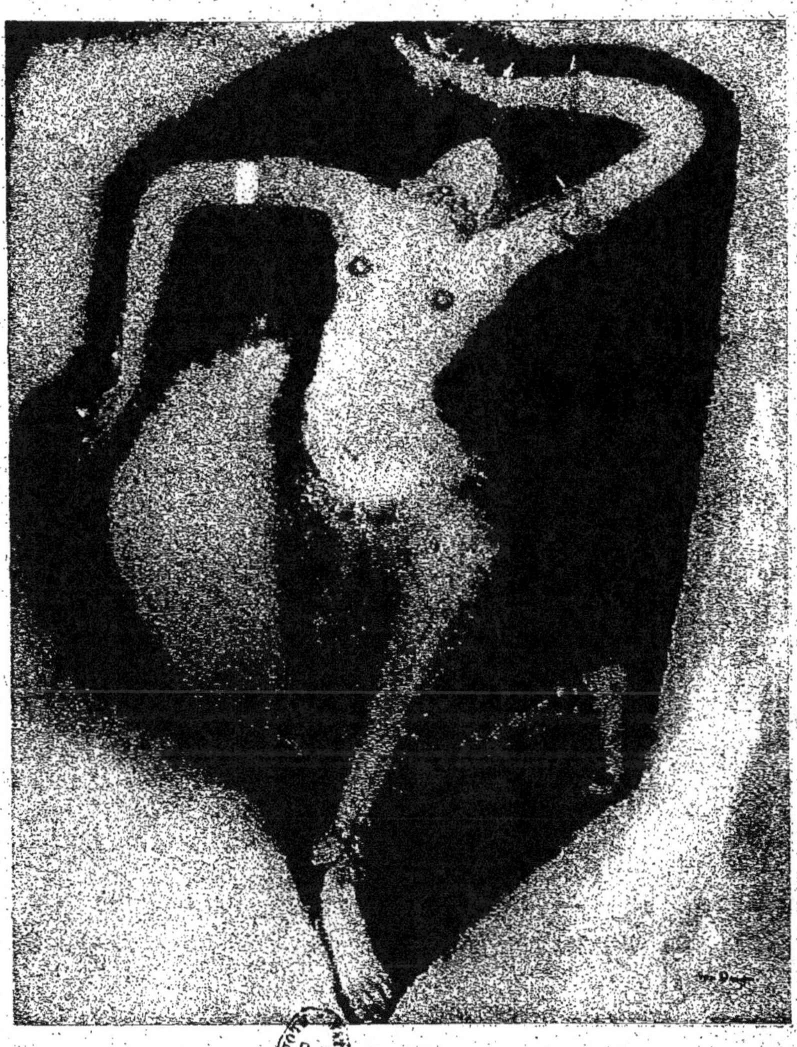

DANSEUSE

Car, je ne sache pas que quelqu'un ait peint, avec la drôlerie élégante, distinguée, d'un Van Dongen, les batraciennes, toutes en cuisses, que l'on voit au Bois, le matin, et le soir à tous les spectacles où la peau s'étale comme la marée !

Et quel dessin étiré, exagérant d'invraisemblables maigreurs, fleurissant à peine les tétons, arrondissant de menues fesses, allongeant les cous, cous de cygnes ou de levrettes, amenuisant les bras, ouvrant les yeux comme des œils-de-bœuf ou mieux encore de vache, alourdissant les cils en forme de grilles, et captant dans des fils de fer, dans des cernes rigides, ainsi que dans des armatures, une couleur enjouée, très subtile, d'une étonnante gaîté et d'une invention quelquefois tout à fait folle !

Je vous assure, songez-y bien, regardez bien Van Dongen, ce pêcheur barbu du Dam, et vous serez surpris toujours qu'il soit un peintre d'abord, et ensuite qu'il représente à merveille toutes ces longues grenouilles, étirées, allongées, énervées, surexcitées par toutes les piles de la fête et tous les arcs voltaïques de la noce. Ah ! elles sont bien à lui, ces grenouillettes qui n'ont ni sexe ni ventre, et qu'il juche au Bois sur de hauts bidets, ou qu'il unit à un homme-trique dans les suaves remous du tango !

Mais quelles jolies petites caillettes il a rapportées aussi d'un voyage au Maroc ! Quelles jolies fillettes en grappe, frais et beaux fruits à mordre à pleines dents, et des petits tétons durs comme pierre, et des pieds nus si espiègles, si dispos, tout le rire du visage fermé descendu là, par les doigts qui s'accrochent, qui dansent, qui sont aussi rusés que le pied d'une femme du Nord est bête et plat ! Ah ! les fins menus bras, cerclés de bracelets, s'enroulant, se ployant ou faisant couronne au-dessus de la tête ! Et, sur d'autres toiles peintes, les petits ânons de ce pays-là, dignes frères de ces gamines éveillées ! Les petits ânons qui trottent, qui galopent, les oreilles toutes droites, et si fiers, si orgueilleux, prétentieux à croire qu'ils se rendent compte que leurs frères ont été sculptés dans la nuit des temps sur des pyramides et des obélisques du pays voisin !

A coup sûr, d'autres fois, Van Dongen se trompe et rate des toiles ; il a aussi, souvent, des idées saugrenues ; mais choisissez dans la corbeille de Van Dongen, le dessus, la fleur, ce sera toujours un délice ; et, de ce pêcheur du Dam, de ce sacré bougre à chandail au corps et pipe au bec, attendez tout ! Quand il enchante, ce n'est pas à demi. C'est alors un régal de couleur et une capricieuse fête du dessin.

Les Peintres régionalistes

Ceux-là, ce sont les Sages ! Ils peignent dans le pays où ils sont nés, où surtout ils ont vécu. Ils ont ainsi des chances de connaître les gens et les paysages, qu'ils ont la prétention d'interpréter. Et, n'est-ce pas, il y a d'illustres précédents ? Cézanne lui-même donna l'exemple en peignant ses plus belles toiles à Aix-en-Provence, sa ville. Courbet, à Ornans, est un autre exemple mémorable à offrir à la sagesse des peintres régionalistes.

CHARLOT. — M. Louis Charlot, après s'être attaché aux grègues de Cézanne, — mais qu'il se console de n'avoir pas été le seul ! — s'est un peu éloigné du terrible maître ; et il peint maintenant des figures, des natures mortes et des paysages plus libres. Mais c'est d'une facture souvent lourde et dure. Ses paysages sont froids, d'une précision âpre. Je veux bien croire qu'il connaît parfaitement son pays : le Morvan ; mais pourquoi tout : les arbres, les champs, les maisons, pourquoi tout cela est-il enfermé, cerné par un implacable dessin, où toute fantaisie, où toute souplesse aussi est absente ?

M. Charlot nous émerveillera certainement un jour ; pour le moment, il veut trop écrire ses paysages ; et il tombe, avec plus de pesanteur, dans un travers qui est aussi celui d'un peintre connu : M. Othon Friesz.

MAUFRA. — Maufra resta fidèle à sa Bretagne; mais il ne fut pas pour cela un docte peintre. Il réalisa des tableaux sans originalité que recueillit la galerie Durand-Ruel, à Paris.

Ce sont des devoirs honnêtes, des pensums de salonnier, tous ces tableaux consacrés à Bréhat, à Paimpol, à toute la mer, à toutes les barques, à toutes les maisons de la terre armoricaine.

Certes, tout de même, si on nous y contraignait, notre choix ne serait pas douteux entre les tableaux de MM. Cottet, Dauchez, Lucien Simon, autres peintres bretonnants, et ceux de feu Maufra. Mais, ce n'est pas parce que nous choisirions des toiles de Maufra que nous accorderions à ce peintre correct un peu du vif plaisir que nous avons si souvent à regarder des œuvres peintes.

MILCENDEAU. — Je verrai toujours mon ami Charles Milcendeau en train de brosser le portrait de Polaire.

Il m'avait tellement demandé cette chose-là ! Lui, si paysan vendéen, si foncièrement paysan de son terroir, si déraciné à Paris, si insolite, si lourd, si maladroit, ah ! si peu du monde, de *leur* monde à *eux* ! Il s'était mis en tête cette idée saugrenue, absurde, à coup sûr tout à fait folle, qu'il devait peindre la Parisienne, les Parisiennes du Théâtre ou du Music-Hall !

Et, rappelez-vous, Polaire, Milcendeau fit votre portrait, dans votre atelier de l'avenue du Bois. Quel portrait ! A peine reçu au Salon, en tout cas mal placé ! Ce fut un désastre ! — et toutes les injures de Polaire pour Milcendeau et pour moi !

Mais ce fut aussi une leçon ! Milcendeau revint à ses Vendéens, à ses gens de là-bas, à ses paysages de Soullans ; et il se remit à dessiner gravement, âprement, sévèrement ; il était bien corrigé !

Alors les tableaux rudes succédèrent aux tableaux rudes. Il représenta des paysages hostiles, farouches. Il peignit des paysans noirs, lugubres. Il fut vraiment le peintre qui ne concède plus rien à rien. Il s'entêta dans sa solitude. Il finit sa vie en clamant des oraisons.

NONELL. — Vint à Paris, en même temps que Picasso. Resta attaché à l'Espagne, quant à la peinture, et nous accabla de *Figures d'Espagne*. Un robuste talent, souple et fin. Certaines de ses Figures évoquèrent le souvenir de Courbet, et d'autres le moins bon souvenir de Thomas Couture.

REGOYOS. — M. Dario de Regoyos a eu raison de rester fidèle à son pays, à l'Ibérie. Tous ses paysages ont une saveur certaine, parce que, d'année en année, il en a accentué le caractère. C'est un peu comme d'un ami dont on ferait tous les ans le portrait. Les plus récents paysages de M. de Regoyos sont incontestablement plus éloquents et plus significatifs que les premières toiles, vues aux salons des années 1894 et 1895.

SEYSSAUD. — Un excellent peintre régionaliste. Peint ce qu'il voit tous les jours, et ce qu'il connaît bien. Des paysages de Provence, tantôt fleuris, clairs, ardents ; tantôt noirs, solides, lourds. On reproche quelquefois à M. Seyssaud de ne pas laisser dans ses toiles la « part du rêve ! » Quelle est cette part ? Qu'est-ce que cela veut dire ? Et, du reste, pour reprendre ce mot bête : si M. Seyssaud ne laisse pas, dans ses toiles, la « part du rêve », c'est qu'apparemment il connaît fort bien les amateurs, et qu'il sait qu'il faut tout leur dire, à ces matassins ! Ce dont, nous, nous le félicitons ! M. Seyssaud montre ainsi qu'il n'est pas seulement un bon peintre, mais encore un homme très avisé !

Les Nostalgiques

Futuristes, qui trouvez qu'on ne vit pas assez de
la vie moderne, ne raillez pas ces âmes en peine que
le temps présent effare ! Songez à leur chagrin de
ne pas comprendre l'extraordinaire beauté d'une
gare, la massive splendeur d'un marteau-pilon, le
rapide galop des courroies en marche ! Songez que
voilà des âmes qui regrettent les temps du déluge,
les apparitions vespérales, les mythologies et les
aspects lunaires des architectures de jadis ! Ah ! que
leur parlez-vous de héros modernes, de beauté
moderne, d'intense vie moderne ? Billevesées, sor-
nettes que tout cela ! Ah ! revenir au temps jadis,
ouvrir les nécropoles où dorment Salomé, Cléopâtre
et la savante Aspasie ! Ah ! revoir les nymphes, les
Faunes, les Hamadryades et les joueurs de flûte aux
bord des promontoires !

Repeindre Vénus, Vénus aux longues mains ou
Vénus Callipyge ! Quel enchantement ! Quel délice !

L'usine pue, la vie moderne est déformée, la

C. G. T. triomphe au-dessus des ruines de l'immar-
cescible beauté antique !... Ah ! nous, les nostalgiques, nous n'exprimerons jamais assez nos rêves
brisés, nos illusions meurtries, nos ailes cassées !

CHIRICO. — M. Georgio de Chirico est un rêveur qui
construit des architectures lunaires, et qui adopte des
titres, tels que ceux-ci : *L'énigme de l'heure* ; la *nostalgie de l'infini* ; *l'Énigme d'une journée*, etc. C'est la
suite à Albert Trachsel ; c'est curieux, intéressant — ah !
certes, ce n'est point banal ! — mais, enfin, ce n'est pas
autrement passionnant. Trachsel avait au moins pour
lui des explications, des légendes, des tableaux qui
étaient de vraies élucubrations pour maison de fous !

GIRIEUD. — Après avoir peint des fleurs géantes, des nus
communs et lourds, peint maintenant des paysages où
les arbres sont en pierre, et si mornes, si bornés ! Un
Fra Angelico du *Lapin agile* ; un rigolo qui brosse des
pannes mythologiques ou religieuses. Se morfond à
peindre, c'est évident, des Vénus grises, amorphes.
Met Andromède sur une table de bistro et Jésus sur un
édredon de meublé. Représente ses amis dans des fresques pour église pauvre. Se croit inspiré et vaticine.
Une victime des poètes du Midi !

MARCEL-BÉRONNEAU. — M. Marcel-Béronneau
s'est montré peut-être le plus attentif disciple de Gustave
Moreau. Comme ce maître qui râtissait précieusement
des Ophélies et des Salomés, M. Marcel-Béronneau a
léché lui aussi, avec des préciosités, des Salomés et
des Ophélies. Est-ce que le besoin s'en faisait vraiment
sentir ?

OSBERT. — Alphonse Osbert, tenace, à l'opposé des passionnés d'ardente lumière solaire, exprime, lui, la poésie de l'apaisement, des nues tranquilles, des crépuscules, des solitudes qu'animent des êtres de rêve; des solitudes où les arbres mettent des entrecolonnements réguliers de temples, où les eaux stagnent ou cheminent en silence.

Ce sont toujours des paysages en décors, calmes; des arbres aux longs fûts; des étangs où se mirent des étincelles de la nue bleue des Nuits. De lointaines et paradisiaques contrées aussitôt s'évoquent; et voici alors, en des Edens violets, de très doux sites, des silhouettes à peine indiquées de forêts et de monts; quelque chose des splendeurs du jour qui demeure dans les nuits étoilées des beaux étés.

Osbert est le peintre des Soirs. Des figures hantent ses paysages; mais elles y glissent au pas des canéphores ou elles y méditent. Simples d'attitudes et dessinées de façon synthétique, elles viennent d'études patiemment dessinées; alors que sa peinture, faite de hachures et de touches divisées, est d'une transparence profonde et matérialise des rêves de paysages et d'âmes, à l'unisson dans un mutuel recueillement.

ROUSSEL. — Depuis des lustres, M. Xavier Roussel s'en tient à ses paysages décoratifs et à ses figures mythologiques. La nature, pour lui, n'offre rien d'intéressant en dehors de ces deux genres-là. Du reste, M. Xavier Roussel a acquis ainsi une renommée fort bien établie auprès des amateurs.

Il y a deux mythologies : une mythologie féroce (Pluton, Hercule, etc.) et une mythologie aimable (Bacchus, Vénus, etc.). C'est à cette dernière que M. Xavier Roussel, peintre aimable, demande les sujets de ses tableaux.

Ils sont fort plaisants, d'ailleurs, les sujets et les

tableaux de M. Xavier Roussel. S'il n'a guère évolué au cours de ces vingt dernières années, ses œuvres sont, pourtant, aujourd'hui, plus délicates et plus fines; bien que la tenue générale reste la même. Cela tient à ce que M. Xavier Roussel a une bonne âme; et qu'il ne voit que cortèges à travers la campagne, danses ou rondes, les écharpes volant au vent, malgré le ciel toujours implacablement bleu.

Aussi j'envie souvent l'existence de M. Xavier Roussel. Habiter en pleine campagne, durant toute l'année, et ne dessiner que des Silènes, des Faunes et des Nymphes, quelle candeur d'âme cela suppose; et, si on ne voyait pas le métier retors, patient, têtu de M. Xavier Roussel, on croirait vraiment qu'il réalise ses peintures en chantant, lui aussi, sur la flûte antique.

SÉON. — M. Alexandre Séon est né disciple. Il n'y a rien à faire contre cela. Il réalisa d'abord des sujets nobles sous la férule de Joséphin Péladan, d'étonnante mémoire. Maintenant, c'est Léonard de Vinci, un autre lapin, tout de même, qui intervient. De sorte que M. Alexandre Séon, étreint à la fois ou tour à tour par Péladan ou par le Vinci, ne sait plus à quel saint se vouer.

Il sera un jour crucifié, comme Jésus qu'il crucifia tant de fois, dans ses tableaux précis, consciencieux et serrés.

TRACHSEL. — Qu'est devenu M. Albert Trachsel? Ses œuvres étaient toujours recherchées; car il noyait la Peinture dans des extases et dans une telle complication de choses baroques, dans une si frénétique explication d'invraisemblables histoires, que l'on restait désarçonné, le derrière par terre! A la bonne heure! Celui-là, au moins, était franchement inventif; et il se donnait une peine du diable pour chercher à faire comprendre ses

HENRY DE WAROQUIER

folies. Il écrivait des légendes philosophiques et cosmiques qui étaient autant de réjouissants poèmes. Je sais bien que cela ne pouvait durer ; et M. Trachsel vit peut-être dans une retraite très calme, ne pensant plus du tout à la Peinture et aux excès qu'elle peut engendrer.

WAROQUIER. — Des paysages au premier abord d'aspect chaotique, bouleversé ; des paysages des premiers temps du monde, quand les montagnes basaltiques plongeaient dans des eaux lourdes ; des formes étranges en dents de scie, en tailles de cristaux, en pics et en rotondités ; puis, si l'on s'attarde à regarder l'œuvre, sous des rayonnements d'astres, sous des halos fulgurants de soleil, des villages, des castels que l'on découvre, des voiles de bateaux qui se bercent, des arbres qui retombent comme des palmes, toute une nature enfin organisée, voulue magnifique, grandiloquente, compliquée, fastueuse ; — telle se révèle jusqu'à ce jour l'œuvre de M. Henry de Waroquier.

Et cet empire de la mer, des montagnes, des arbres, des villages haut perchés, des architectures multiformes, c'est bien à ce peintre, dont l'imagination se débride, dont la fantaisie s'exalte, au contact de la toile vierge. Je songe parfois, devant tels nuages, dont les volutes enserrent des masses cyclopéennes, je songe à un Greco enragé, frénétique, las de la terre, et cherchant dans le monde lunaire des criques et des havres, des monts et des pics, des eaux pesantes, et des villages de rêve, qu'il endormirait pour toujours dans des ténèbres d'ombre, ou derrière des pins durs se noircissant sur des éblouissements d'incendie.

HENRI ROUSSEAU

LE POÈTE ET SA MUSE

Les Naturalistes

Peindre un portrait, un paysage, une nature morte, avec une telle flamme qu'il semble que tous les détails soient utiles, qu'il semble qu'ils demandent à être tous aimés, caressés, traités tous de la même façon, sans cependant nuire à l'attrait général du tableau, voilà l'œuvre des peintres naturalistes ! Représenter la plus fine nervure d'une écorce, être tenté de mettre de la vraie mousse dans un paysage peint, compter toutes les feuilles d'un arbre et les représenter toutes, les peintres naturalistes se répètent toujours qu'il n'y a pas meilleure manière d'aimer les choses et de les interpréter ! Sans doute, sans doute, cela ne réussit pas avec tous les peintres naturalistes ; mais quand l'œuvre est bien venue, toute chargée d'amour, elle s'offre à nous, si désireuse de plaire que, malgré toute naïveté parfois, elle nous attire tout près d'elle, pour que nous remarquions, nous aussi, tous les détails attendris et nombreux dont elle est parée, et qui nous la rendent si charmante !

LACOSTE. — J'aime en M. Charles Lacoste son métier de comptable, de pète-sec de la peinture. Nul ne met au service d'une couleur terne, appauvrie, plus de détails infiniment petits. Et il y en a, semble-t-il, encore d'autres, en réserve. M. Lacoste peint surtout des payages, des paysages de villes et des champs. Tout y est dosé, distillé au compte-gouttes. Ce n'est pas naïf, pour cela. Au contraire, une peinture de M. Charles Lacoste me donne impitoyablement l'idée que ça représente, j'y reviens, un travail méticuleusement établi par un très ordonné comptable, où le doit et l'avoir sont ici scrupuleusement mis en évidence.

ROUSSEAU. — Le nommé Wilhem Uhde nous découvrit il y a sept ans, Henri-Rousseau. Venu des bords de la Sprée, pour *travailler* à Paris, ce boche fut choisi par la Galerie Bernheim-jeune pour présenter au public parisien Henri-Rousseau, que nous connaissions, nous, en France, depuis l'année 1885, simplement !

Et, bien entendu, le boche évacua, à plein groin, de niaises calembredaines. Présenter, en effet, Henri-Rousseau comme un brave homme uniquement préoccupé de son art, et « se libérant de toutes les tristesses, avec l'or inépuisable de son âme ! » c'est vraiment bien avoir connu Henri-Rousseau, qui était parfois vaniteux et haineux à souhait !

C'est assurément très commode de le *voir* autrement, parce qu'il a peint de doux tableaux, tout pleins d'une candeur angélique. Mais, la vérité n'est pas là : tous ceux qui ont connu parfaitement Rousseau ont gardé le souvenir d'un bonhomme un jour insupportable, et dont la méchanceté alors dépassait tout ! C'est ainsi ; et, du reste, cela n'a aucune importance.

Amusons-nous donc plutôt à redire — et cela est hors de toute discussion ! — que, pendant presque toute sa vie, Rousseau fut bafoué, injurié, méprisé

aussi bien par les peintres que par les littérateurs — et
également par ces écrivains boches qui arrivent toujours en retard, l'espionnage leur prenant le meilleur
de leur temps.

Et cela, c'est, au fond, le bas dégoût qu'apporte
l'admiration posthume.

Nous avons, nous, encore dans les oreilles, les
vagues de rire que déchaînaient les toiles de Rousseau. Elles étaient pourtant bien cachées, reléguées
par une commission de placement dans les plus froids
recoins de l'Exposition ; elles étaient inabordables, si
l'on peut dire, grâce à des flaques d'eau ingénieuse-
ment étalées sur le sol ; mais, naturellement, les plai-
santins, les rigolos qui préparent pour tous les Salons
des mannes d'esprit, se mettaient en quête des toiles de
Rousseau, finissaient par les découvrir, et des tem-
pêtes, des explosions de rires secouaient, fracassaient
les baraquements.

Et Rousseau, autre fait acquis, du haut de son
Olympe, ne percevait rien ! Bien mieux, il était le premier à demander l'expulsion des artistes qui dépassent
toute mesure, « qui font rire aux éclats ! » ; et l'on
chercha sans répit le moyen de l'expulser, lui ! Rousseau ne s'en douta jamais.

Odilon Redon et moi, nous fûmes, vers 1888, les
premiers à glorifier Rousseau, à célébrer son génie de
peintre naturaliste, qui s'élevait parfois au beau style
classique. Dans ses paysages, dans certains de ses
paysages, il restera longtemps un maître d'une délicatesse infinie. Ses personnages sont les produits naturels, simples ou héroïques, de ses rêveries et de ses
aspirations poétiques. Souvent, il faisait cortège à ses
tableaux avec des proses lapidaires ou avec des poèmes
touchants. Par exemple, pour le tableau qui représentait : le *Dernier du 51ᵐᵉ* il avait écrit :

« *Après de longs combats, le régiment fut complètement décimé, seul, le pauvre mutilé reste pour sauver*

l'Étendard sous lequel nos aînés ont conquis tant de gloire! »

Pour un tableau représentant : *La Liberté!* « *Oh Liberté! sois toujours le guide de tous ceux qui, par leur travail, veulent concourir à la gloire et à la grandeur de la France!* »

Une autre fois, pour un tableau appelé : *Le Rêve*, il avait rimé ainsi :

> « Yadurgha dans un beau rêve
> « S'étant endormie doucement,
> « Entendait les sons d'une musette
> « D'un charmeur bien pensant.
> « Pendant que la lune reflète
> « Sur les fleurs, les arbres verdoyants,
> « Les fauves et autres animaux prêtent l'oreille
> « Aux sons gais de l'instrument.

Mais Rousseau, peintre naturaliste et si amoureux de poésie, aimait également la précision. « Je suis un bougre de fonctionnaire! » me répétait-il souvent; et est-ce pour cela qu'il mettait si volontiers les choses au point, quand un de ses tableaux représentait une catastrophe, jugée par lui historique. Ainsi, ce tableau qui figura au Salon de 1893 : « *Vue de l'île Saint-Louis pendant la nuit de l'incendie du Dépôt des omnibus, quai de l'Estrapade* »,

Il exposa presque régulièrement à tous les Salons. Il apportait toujours plusieurs tableaux : des portraits, des natures mortes, des figures, des allégories, etc., etc.

Il ne craignit pas de s'attaquer aux paysages exotiques, à des chasses aux fauves, à des « Pensées philosophiques »; et s'il eût pu voir l'abondant ensemble réuni au Salon de 1911, sa joie et son orgueil eussent été sans limite.

Sans doute, il y a en France des peintres-amateurs, ouvriers, bourgeois, commerçants, qui font de la peinture, le dimanche. J'ai donné un jour au peintre Vla-

minck *une Danse de bayadères*, peinte par un négociant
en vins de Narbonne, qui est bien une ambitieuse toile,
à la manière de Rousseau ; et ce même négociant a peint,
un autre jour, une *Place de l'Opéra*, avec « l'Opéra et
tous ses détails », assurément stupéfiante ; mais chez
Rousseau, chez cet ex-douanier, qui n'adora que la
Peinture, qui ne vécut que pour elle, qui fut, enfin on
le reconnaît! un peintre, il y a autre chose que de la
naïveté déconcertante, autre chose que de l'émotion
naturelle, autre chose que de la simplicité touchante : il
y a un tel style, une telle invention, une telle mise en
œuvre de qualités rares ; et il y a surtout un tel amour,
un tel don de soi-même, une telle offrande de son cœur
mis à nu, une telle absence de mensonge, d'insincé-
rité, que l'on peut bien appeler l'apport de Rousseau en
peinture : un apport généreux et unique.

Les derniers Impressionnistes

Ils sont très nombreux, bien que je n'en aie retenu que cinq !... A bien dire, on pourrait mettre presque tous les peintres actuels à la suite de l'Impressionnisme. C'est une chose qu'ils n'avouent pas volontiers dans leurs toiles ; et, pour cela, ils rusent, ils prennent des airs de ne pas connaître Renoir. Ils croient, les uns, parce qu'ils se remettent à peindre noir, qu'on ne discernera pas l'influence. Les autres répudient déjà hachures, virgules, touche divisée, pour étaler des plans colorés, comme des bandes de marchands de couleurs ; mais rien n'y fait ; ils ne peuvent donner à oublier d'où ils viennent. Ah ! je le concède, c'est un malheur public, un Renoir — ou un Cézanne ! A eux deux, ils ont engendré plus de peintres que tous les autres maîtres ensemble, si j'excepte Courbet. Alors, à eux trois, quelle progéniture ! et ce n'est pas fini, car une nouvelle ronde de jeunes peintres ne fait que d'entrer en danse !

ALBERT-ANDRÉ. — M. Albert-André a le goût de la
lumière; il recherche l'eau, le ciel, les collines blanches
et roses et grisées des corniches méditerranéennes;
mais, dans l'équipe de rameurs où il est entré, il tient
trop les yeux fixés sur Bonnard, son chef de nage.
J'aime de M. Albert-André ses paysages de Marseille :
Endoume, les Catalans et les bains Garçin — que de
souvenirs! — mais Bonnard, toujours Bonnard, qui
nous délivrera ici de Pierre Bonnard?

Sans doute, M. Albert-André peint d'une manière
plus sèche, moins enveloppée, moins précieuse. Tout de
même, il faut laisser Bonnard tranquille, ne pas lui
prendre ses sensations et ne pas les ficher toutes vives
sur tous les paysages, qu'ils soient du Midi ou d'ailleurs.
Les personnages enfin sont encore davantage de Bonnard; et jusqu'au basset de Bonnard qui trouve ici à
caser sa tête pointue de phoque. Assurément il faut
que Bonnard ou M. Albert-André cesse de peindre; et
je ne vois pas, moi, jusqu'à présent, le besoin de sacri-
fier Bonnard à M. Albert-André.

ESPAGNAT. — M. Georges d'Espagnat suit péniblement
le galop des cracks impressionnistes. Il arrive au
poteau, fourbu, épuisé. Il n'a pas plus de dessin que
de couleur. C'est le Renoir des petits-ménages. Il est
éteint et plâtreux; et ses roses font penser à des eczé-
mas saupoudrés de talc.

LEBASQUE. — M. Henri Lebasque peint avec une grâce
aimable des figures, des paysages et des portraits. Il
aime tout ce qui est blond, tout ce qui est or, tout ce qui
poudroie dans la nature. Ses paysages sont blonds,
lumineux, précieusement lumineux, pas trop lumineux,
pour que les figures soient, elles aussi, très blondes et
de la belle lumière chaude des perles, des fleurs et des
arbres.

Tout cela n'empêche pas M. Henri Lebasque de fort
bien composer ses paysages. Il profite largement de
l'apport des impressionnistes ; mais il ne s'arrête pas,
pour cela, devant le premier site venu. Nous nous souvenons d'un agréable paysage de rivière, au soleil levant,
qui était toute la résurrection de l'eau, d'un pont, d'une
ville provinciale, une fois la nuit effacée. L'eau fumait et
se mêlait aux ondes du soleil. Sans touches divisées, le
tableau irradiait vraiment une généreuse lumière.

Et maints portraits de M. Henri Lebasque témoignent aussi de la joie qu'il a à peindre, dans des jardins
clairs, de clairs visages de jeunes femmes et des mines
d'enfants, roses et blonds ou blancs comme des Fleurs !

VALTAT. — M. Valtat fut tout de suite un Monet
déréglé, dont les tons fourmillaient, dont les paysages
suaient à foison de l'herbe très verte et des fleurs très
vives. Et, depuis, M. Valtat a poursuivi son effort avec
plus ou moins de chance ; mais on ne saurait trop louer
toujours le choix de ses sujets !

Les Naturistes

Les peintres, maintenant, ont horreur du dessin
et de la peinture de *chic* ; mais si je répète, malgré
moi, cet affreux mot : *le chic*, je dirai qu'ils font, la
plupart des peintres, du *chic* d'après nature.

Car combien ont, de plagiats en plagiats, trouvé
un procédé commode qui les satisfait pleinement, et
qui les dispense de toutes recherches !

Ils arrivent, en effet, avec ce procédé, devant le
modèle ou devant le paysage ; et, imperturbables, ils
peignent la même chair ou les mêmes arbres, —
comme ils ont fait la veille, — comme ils feront
demain. Voilà le *chic* d'après nature.

Sans doute, je ne vise point ici tous les peintres
dont la longue liste va suivre ; les uns et les autres
aiment trop la peinture, je l'espère, pour se livrer
tout à fait au dévoîment et au salopement de leurs
travaux ; mais, mais, dans combien d'expositions
avons-nous été accablés en retrouvant les sempi-
ternels tableaux d'hier dans les tableaux d'aujour-
d'hui ! Dans combien d'expositions — qui a le cou-

rage de les visiter toutes ? — avons-nous senti notre cœur se décrocher, en regardant l'épuisement d'un procédé, l'essoufflement d'un dessin et d'une couleur fatigués, usés, jusqu'à l'agonie !... Ah ! ne plus revoir ces toiles ! ne plus entendre ce charabia indigent : « Quel œil ! quelle science des valeurs !... Ah ! l'atmosphère dans ces toiles !... Ah ! ces gris, ces gris !... Quelle forme pleine !... Quels contrastes dosés !... »

Mais le moyen, pour les amateurs, de ne pas être ahuris devant tous ces peintres qui se cramponnent, du bec et des ongles, chacun à son procédé !

ASSELIN. — Les petites boutiques d'art qualifient le peintre Asselin de peintre sérieux. Cela veut dire, je pense, qu'il est consciencieux, régulier, et qu'il ne « fait que de la bonne ouvrage » ! Soit ! M. Asselin est donc un peintre sérieux. C'est aussi un raisonneur : il explique ses toiles. Je dois avancer tout de suite, qu'étant sérieux, il ne trouble pas, à la façon d'un Van Dongen, les amateurs. Il leur dit : « Prenez mon ours ! Je fais de la peinture raisonnée ! »

Et M. Asselin connaît le succès. On achète ses toiles et ses aquarelles. Le génie ne gonfle ni les unes ni les autres ; mais, enfin, c'est très louable ; et, assurément, il y a un choix certain des sujets — et aussi une mélancolie un peu poncive, particulière à la Bretagne, telle que nous l'imposent sans merci les peintres. Car, depuis Gauguin, — Cottet et les autres huiliers voient décidément la Bretagne noire, hostile et farouche. Je sais bien que M. Lucien Simon, lui, la voit, presque toujours en fête : carnavals, courses, cavalcades (M. Simon se croit encore à Venise !) — ; mais c'est toutefois une peu acceptable exception. Cela tombe trop dans le déballage d'un magasin d'accessoires, dans la mascarade de commis en goguette, costumés pour la fête du patron. Et, ma foi, j'ai plus de goût pour les œuvres de M. Asselin.

Mais, c'est agaçant, on me répète si souvent que M. Asselin est un peintre sérieux, que je ne peux plus maintenant croire que M. Asselin a de la fantaisie, de l'imagination et de l'espièglerie. Donc, pour moi, M. Asselin dessine et peint tout ce qu'il voit, avec les moyens d'un peintre sérieux. Sérieux, ses paysages. Sérieuses, ses figures. Alors, voici : un amateur doit-il acheter la peinture de M. Asselin qui est sérieuse — ou la peinture de Bonnard qui est enjouée, charmante, — et pas sérieuse pour un sou ?

BLOT. — M. Jacques Blot d'abord marcha aux côtés de Guillaumin, puis il fit de Puy son compagnon. Maintenant, il s'en va seul, avec sa jeune fantaisie. Ses paysages — souvent préférables à ses portraits — sont très miroitants et très contrastés dans les verts. On les reconnaît aisément. M. Jacques Blot a le singulier mérite d'avoir vu, touché, palpé de très près beaucoup de peintures, pour cependant tendre vers une originalité qui sera bientôt certaine, et non dépourvue de beauté.

CAMOIN. — M. Camoin rentre dans la catégorie des bons peintres du second ordre. Il aime la vie ; il la cherche partout : en Corse, à Marseille, aux Martigues ; mais son jeune talent ne saccage pas encore les idées reçues.

Il est toutefois une passerelle pour qui recherche l'originalité saisissante. On peut commencer par M. Camoin pour arriver, par exemple, à Chagall. M. Camoin, c'est de la bonne peinture, qui plaît. Les filles mêmes de la rue Bouterie, à Marseille, qui sont

si extraordinaires que personne au monde n'a jamais
su les peindre, les filles mêmes de la rue Bouterie
deviennent, par M. Camoin, de très acceptables gotons
macérant dans la saumure d'un bon bordel bourgeois.
Cela n'inquiète pas, n'effraye pas; M. Camoin est le
confiseur de la vie bordelière.

Et c'est ainsi pour tout le reste. M. Camoin, je le
répète, est une passerelle — ou, si vous préférez, un
peintre pour salons de thé.

CHARMY. — Louons tout de suite en Mlle Charmy une
femme peintre qui fait des poids, qui a de la puissance,
de l'accent, du mordant; qui vous en impose par un
sacré tempérament de brasseuse de pâte; qui vous
remue, à la pelle, des limons de couleur; qui, enfin,
comme ces geindres dans les fêtes foraines, tourne et
retourne, telle de la guimauve, des coulées de ton!

Et cela est fait avec une virtuosité certaine; et c'est
établi sur des toiles à voiles: « Trois roses et deux
feuilles » pour un châssis hors de chevalet. Et cela
plaît qu'une femme ait une telle confiance en soi;
qu'elle soit audacieuse et si ingénûment puérile. On
doit tout attendre d'une telle hardiesse, alors que tant
de peintres, musclés, s'en tiennent à de minuscules
toiles pour cadeaux de fête.

Mlle Charmy est une coloriste, c'est indéniable.
Elle abuse du blanc, que maudissait M. Ingres; mais
elle sait aussi placer un rose, comme un ruban, sur
un fond gris ou vert de colline, balayé d'une seule
coulée de brosse.

Mlle Charmy enfin nous dégoûte de la miniature.
De combien de femmes peintres pourrait-on en dire
autant?

DÉZIRÉ. — Portraits, paysages, natures mortes, la peinture de M. Déziré est sèche, précise; quelque chose
comme une peinture d'huissier. Ce sont des constats

de paysages, des états de lieux rédigés par un implacable scribe. Cela ne déplaît pas toujours; et c'est, en tout cas, bien préférable à la peinture qui coule, à la peinture frappée d'infortune vénérienne, qui réjouit, il faut bien le déclarer, tant d'amateurs !

DUFRÉNOY. — M. Dufrénoy construit en pleine pâte de solides architectures, et avec un souci très réel des nuances. Il dessine avec une extraordinaire sûreté des loggias, des colonnes, des ponts, des bateaux, qu'il se trouve à Paris ou en Italie. Quelle que soit la grandeur de la toile à peindre, sa verve le tient sans cesse en haleine. Il y a, dans son œuvre, tels paysages de Venise, je veux écrire tels palais du Grand-Canal, qui vraiment suintent l'humidité, le mouillé, si je puis ainsi m'exprimer, de l'atmosphère; et les patines du marbre et de la pierre n'en sont que plus vives et plus ardentes. A Paris, M. Dufrénoy a réalisé aussi des paysages de rues qui chantent toute la nostalgie du passé par leurs briques roses fanées, par leurs toits d'ardoises noircies, par leurs pierres jaunes, gratinées et dures.

DUMONT. — M. Henri Dumont est surtout renommé pour ses fleurs. Elles sont de belle tenue et désirables. Pourtant, nous nous souvenons, nous, de certains nus féminins et d'intérieurs assurément séduisants. Mais on sait qu'on ne peut rien contre les amateurs; estimons donc, nous aussi, en M. Henri Dumont, un notoire peintre de Fleurs.

DUNOYER DE SEGONZAC. — En haine de la peinture claire, dont nous sommes, il est vrai, oppressés, M. de Segonzac retourne à la peinture noire; et il peint de solides compositions, grassement.

Ses œuvres sont de celles que l'on entrevoit, que

l'on perçoit encore, dès la nuit tombée. M. de Segonzac noie dans les ténèbres l'effort de son style ; et s'il exècre la couleur claire, il paraît aussi, quelquefois, nourrir pour le dessin le même mépris.

Cependant, nous nous rappelons maintes toiles où tout était recherché : dessin, couleur et sens de la composition. M. de Segonzac, du reste, restreint son œuvre ; et il ne nous donne à admirer des toiles que lorsqu'il a remué, en tous les sens, le copieux limon de pâte qu'il a, autre geindre de la Peinture, à entraîner.

DUREY. — Le jeune âge de M. Durey lui permet de subir encore des influences. Certains de ses paysages s'augmentent de l'influence de Cézanne. M. Durey dessine et il construit. Il ne sacrifie rien, lui, au hasard. Assez de ses co-exposants se livrent à la tartouillade du ton.

Aussi les paysages de M. Durey sont plus froids que beaucoup de peintures injustement vantées. Ils sont secs, précis, et toujours bien composés.

GABORIAUD. — Un fond de bocage luisant, dense, une plénitude feuillue d'émail ; là-dedans, au beau milieu, un perroquet vif, bleu, rouge, jaune ; tel fut le premier tableau de Josué Gaboriaud aperçu par nous, une fin d'après-midi, chez un marchand de la rue de la Boëtie.

Et, depuis, des arbres, des vallées, de grandes natures mortes, des nus et des intérieurs, exprimèrent toute la joie et toute la passion de ce peintre robuste, âpre, bâti comme une sorte de paysan volontaire ; mais dont l'âme a des sensibilités et des délicatesses hors de coutume.

Il habite là-bas, près de Marly, dans un village des champs, tout au milieu de ses amis maraîchers et vignerons. Il se mêle à leurs travaux, à leurs fêtes ; il aime leurs maisons, leurs arbres, leurs routes ; et si, au

GONDOUIN

PORTRAIT DE MIRBEAU

printemps, il peint, tout avide d'amour, les arbres fleuris, — il vient, en hiver, consoler les longs arbres qui
s'ennuient et qui pleurent dans le vent.

Il peint aussi les intérieurs d'où, par une fenêtre, on
aperçoit la campagne étagée, avec, souvent, sur la
ligne de faîte, les petits toits rouges des maisons iso-
lées. Et cela compose une peinture modérée, ordonnée,
d'une sérénité sans heurt, — quelque chose comme le
décor apaisé et confiant du bonheur et de la joie de
peindre de ce peintre qui nourrit tant d'amour pour
la vie, pour toute la vie !

GACHET. — Saluons en feu Paul Gachet le premier
défenseur de la peinture dite alors nouvelle ; et dont
Cézanne, Pissarro et Van Gogh furent les plus illustres
représentants.

J'ai conté ailleurs (*Paul Cézanne, Ollendorff, éditeur*)
la vie de ce très curieux père Gachet, médecin de la
Compagnie du Nord ; et qui, installé à Auvers-sur-
Oise, consacra tout son temps à ses malades et à la
peinture.

Il aimait les Salons des Indépendants ; et, une année,
il envoya avec grande cérémonie l'*Ancêtre* ou *le portrait
de Van Mabuse*, parce que, lui, Paul Gachet, il préten-
dait descendre de ce maître.

Entre temps, il était plus modeste ; et il se contentait
généralement d'une *Tête de cochon*, qu'il brossait avec
le plus vif entrain, à la manière de Van Gogh, son
peintre préféré.

Il gravait aussi à l'eau-forte. Isolé dans un petit
atelier, sous le toit de sa maison, personne ne l'y
dérangeait. Peintures et gravures s'accumulaient : portraits, paysages, natures mortes, etc.

Il eut une élève : Mlle Blanche Derousse, qui exposa
aussi aux Indépendants.

Le père Gachet mort, — Dubois-Pillet, — et le père

Valton, également, c'est tout l'âge héroïque des Indépendants révolu ; c'est toute une histoire qui trouve là son plus beau chapitre !

GONDOUIN. — Les terrassiers, les blanchisseuses, Dédé, dit « Rouge-gorge », les déménageurs, furent d'abord aimés de M. Gondouin. Mais, nous nous souvenons, avec plus de plaisir, d'un *portrait de Mirbeau*, que signa récemment M. Gondouin.

Cette gueule d'orang, dans des tons gris, bleus, rouges et verts assourdis, ce mufle jeté en avant, énorme, et les yeux comme tapis sous les sourcils en forme de petits carrés de bois, cela constituait une œuvre curieuse, invue. Nous aimâmes jusqu'au nom : *Mirbeau*, écrit en lettres capitales noires sur un vert acide et adorablement un peu criard.

HOUTEN. — M. Georges Van Houten, adroit coloriste, a peint les gens du monde — et aussi notre ami, éternellement jeune : M. Théodore Duret.

Il a campé celui-ci droit comme une épée. Mais M. Duret est, si je ne me trompe, près d'un coffre-fort, dans ce portrait. Cela ne s'accorde guère avec la prodigalité très notoire de M. Duret. M. Van Houten met-il, par la même analogie, à côté d'une femme du monde, un livre portant ces âpres noms : Schopenhauer ou Huysmans ?

M. Van Houten nous étonnera bientôt par de vastes toiles d'un vif accent moderne. Il a de hauts projets ; et il saura les réaliser pour notre entier agrément.

JAUDIN. — A tous les Salons, depuis le premier jour, on était assuré de retrouver des tableaux de M. Henri Jaudin, qui fut un des plus zélés fondateurs de la Société des Artistes Indépendants. Zélé à coup sûr, car il eut la rude tâche d'organiser financièrement la vie — un peu turbulente, au début, du bon groupement.

M. Jaudin recherche surtout les « effets » du matin, les gorges et les vallées embrumées d'argent, avec des nuances roses et bleuâtres. Et ces paysages, bien à lui, il les peint partout, à Marigny, près Etampes, à Malain, dans le Doubs, à Port-Launay, autour de Besançon, etc.

Si jamais vous rencontrez M. Jaudin, faites-le parler sur la Société des Indépendants. Pas un n'en connaît mieux l'histoire, si comique au début; il vous donnera des détails que j'ai dû, moi, passer sous silence; car il y a tellement de choses que l'on ne peut pas écrire sous peine d'affoler le lecteur — et les peintres !

JOURDAIN. — On ne pourra pas reprocher à M. Francis Jourdain de s'en être toujours tenu à des redites, à l'exploitation d'un procédé pictural, à des sujets éculés.

Nul n'a été plus touche-à-tout dans le bon sens du mot. Nul n'a plus que lui porté sa curiosité dans les coins les plus divers.

Il a peint assidûment tout ce que l'on peut peindre, sans doute plus les paysages que les natures mortes et les figures. Mais les animaux eux-mêmes, au moins ceux de basse-cour, ont été interprétés, dessinés un peu à la manière japonaise, par M. Francis Jourdain.

Curieux de Lettres et d'art, il a connu, vanté Marquet aussi bien que Charles-Louis Philippe, Lautrec aussi bien que Maurice Utrillo, dont il aima surtout les boutiques si amoureusement peintes, boutiques de petite ville ou de Montmartre.

Maintenant — et ce sera autre chose demain ! — maintenant M. Francis Jourdain tient boutique d'ameublement, rue de Sèze. Il cherche à imposer ce qu'il désire; et je souhaite à tous les gens riches de suivre le goût de M. Francis Jourdain, peintre de talent, curieux en toutes choses, et tapissier-meublier, si je puis ainsi dire, de la plus complète et de la plus recevable originalité.

KISLING. — D'une peinture noire, Kisling est arrivé à une peinture violente, contrastée.

Il aime les couleurs toutes faites, les plus communes, les plus hurlantes. Il ose plaquer le violet de cobalt, — cette horreur ! et le bleu d'outremer tout vif, tout cru. Un jour, il réussit de savoureux gris de perle, des jaunes tendres, des roses assourdis ; puis, de nouveau, il se rue sur sa boîte à peindre, et il crache, à pleins tubes, du blanc d'argent, du vermillon et du cobalt, Drapeau de la Victoire.

Ses personnages et ses paysages sont parfois d'aspect enfantin ; ses natures mortes font souvent penser à Cézanne.

Tout de même, on reconnaît décisivement un tableau de Kisling. C'est sec, très découpé, très coloré. Ce n'est pas toujours d'un goût très sûr ; il y a quelquefois des maladresses, des gaucheries qui déconcertent ; mais, quand un tableau de Kisling est bien venu, c'est toujours une œuvre très prenante. Je me souviens ainsi d'un nu très hardi, qui n'est pas loin d'être un chef-d'œuvre. Le sexe, ici, est offert, comme une fleur de haute serre, par une femme à l'air si ingénu, si inconscient, que ce nu ouvert constitue vraiment une peinture sataniquement sensuelle.

Certains de ses petits paysages sont également élus. Ils contiennent, ceux-là, une invention gamine, une fantaisie ailée. Rappelons-nous le *Jardin du Luxembourg* et le *Paysage à Ville-d'Avray*, qui figurèrent à une exposition chez Druet, en novembre 1919. Ces précieux paysages ne sont pas loin aussi d'être des petits chefs-d'œuvre. Voilà des réussites de Kisling !... Mais quand il se trompe, il se trompe lourdement. Alors il dessine des bras trop courts, des raccourcis gauches. Puis, tout d'un coup, comme furieux de ces ratés, ou sa joie succédant soudainement à sa tristesse, il nous offre un nu jeune, une merveille candide de dessin, une espèce de résurrection

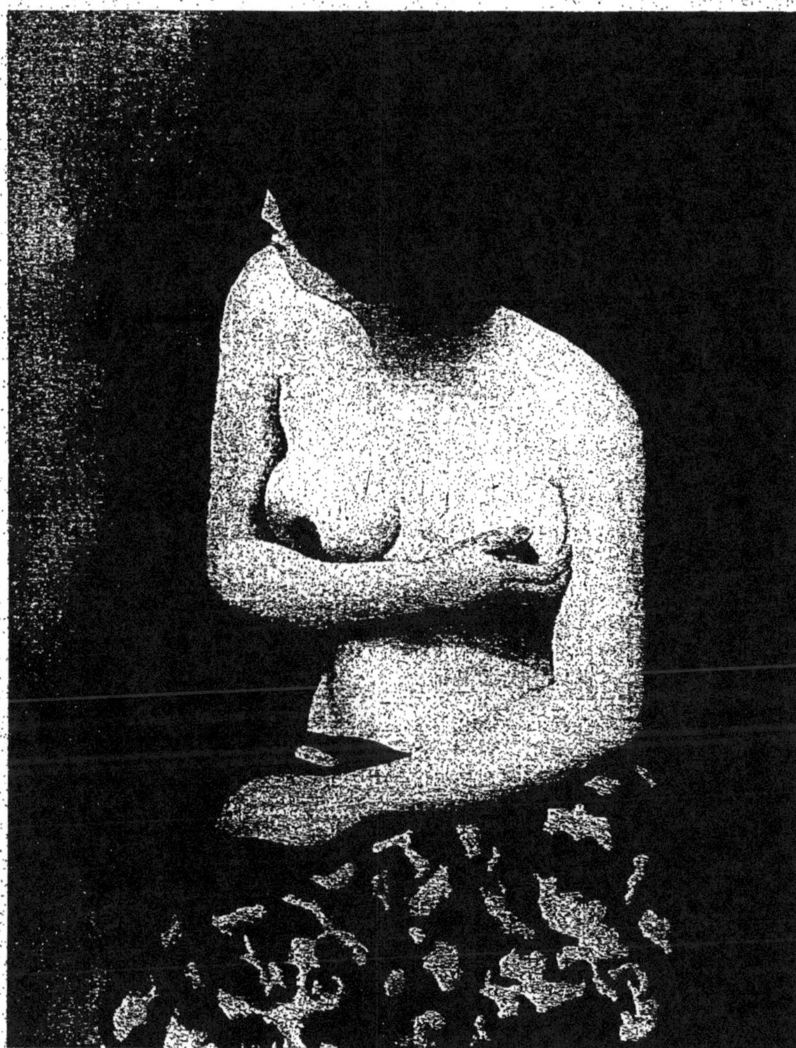

COLLECTION GUSTAVE COQUIOT   PHOTO E. DRUET

NU DORÉ

triomphale d'un jeune talent que l'on avait pu croire sombré, fini dans les ténèbres de l'impuissance et dans l'accablement de l'inexpérience et du doute.

KREMEGNE. — Sous son apparence réservée, c'est un peintre qui, surtout dans ses nus féminins, atteint au paroxysme de la couleur. Ce sont des laqués, du vermillon, du jaune de Naples ; et toutes ces couleurs en fureur zèbrent les ventres, les seins et les cuisses. C'est d'une barbarie cruelle, et c'est curieusement balafré dans la forme ! Ses paysages et ses natures mortes sont également étranges, sauvages ; mais ses nus, assurément, dépassent tout. Et cette outrance est d'un charme dont on ne peut pas, peut-être, tout de suite, expliquer la cause ; mais, qui, à la longue, nous donne l'idée d'un autre peintre exécrant — comme Rouault ! — la femme ; et prenant un plaisir délirant à la torturer, à la supplicier, à la cravacher de cinglantes lanières ; ce qui laisserait sur sa peau ces rouges zébrures, ces bleus de plaie, ces verts et ces jaunes de sang extravasé !

LEMPEREUR. — Beaucoup de gens voient en Lempereur un peintre qui eût été, par la suite, — il mourut jeune ! — un simplificateur à la manière de Marquet, mais avec plus de fantaisie et une plus vive recherche de la couleur.

Il est certain que les tableaux laissés par Lempereur témoignent de dons enviables ; et ils affirment, en outre, qu'il eût été le plus déterminé et le plus attentif peintre de la vie moderne.

Rappelons-nous quelques-uns de ses tableaux. Voici le *Moulin de la Galette* ; le *bal Tabarin* ; les *Courses à Longchamp et à Auteuil* ; *Les Régates à l'île de la Grande Jatte* ; des *Pesages* encore ; etc., etc.

Tout cela est spontané, spirituel, et d'une virtuosité insolite. Ses personnages ont, même très réduits, un mouvement exact. Peint-il des barques ? elles dansent, légères. Ses foules au pesage ? elles sont fleuries, étincelantes. Ses filles, au bal ? Elles sont plus vivantes, plus vraies, que celles, vantées, de son camarade George Bottini. Mais c'est surtout dans ses paysages seuls, sans personnages plus ou moins anecdotiques, que Lempereur révéla ses dons généreux. Oui, peut-être plus tard un Marquet plus fantaisiste ; peut-être aussi autre chose au delà ? encore !

MAINSSIEUX. — Les mêmes petites boutiques d'art qui traitent M. Asselin de peintre sérieux, réservent à M. Lucien Mainssieux le même qualificatif. Soit ! M. Lucien Mainssieux est donc un autre peintre sérieux.

Vous savez ce que cela veut dire : respect des traditions, travail appliqué et tout sujet frivole banni !

M. Mainssieux peint donc des figures et des paysages sévères, étant peintre sérieux. Il va même, pour être plus sérieux encore que M. Asselin, jusqu'à représenter les nobles, augustes et solennelles ruines architecturales, qui font de Rome et de ses environs les lieux les plus désolés qui soient au monde.

M. Mainssieux pleure avec et sur les ruines. Peintre sérieux, à peine permet-il à un chien indigne de traverser le *Colisée* ou les *Thermes de Caracalla*. D'ailleurs, étant peintre sérieux, il peint sérieusement tous les détails d'architecture ; et il le fait, assurément, avec une réelle virtuosité et avec une entière maîtrise. Ah ! ce n'est pas un peintre sérieux comme l'est M. Mainssieux, qui posera de travers une corniche ou qui ne saura pas asseoir un chapiteau sur son fût !

La couleur de M. Mainssieux aussi est sérieuse, comme lui-même ! Elle est sourde, ocreuse. Elle a peur de se faire remarquer, de faire un éclat ; elle a l'hypocrisie de certains avocats qui, dans les endroits publics, se tiennent froids, réservés, pour témoigner du bon ton et de la fausse tenue imposés par leur profession.

COLLECTION GUSTAVE COQUIOT   PHOTO ROBERT

NU ROUGE

MANGUIN. — J'aime ou je déteste les tableaux de M. Henri Manguin. Ils ne me laissent jamais indifférent.

Je déteste les tableaux de M. Henri Manguin, quand ils sont chargés de couleurs communes, presque vulgaires, des violets, surtout, odieux.

Mais j'aime les tableaux de M. Henri Manguin, quand décisivement, à franches couleurs, ils se contrastent dans un rythme chromatique parfait.

Et cela peut être éclatant, aveuglant ! Je me souviens ainsi d'un portrait de Femme, debout devant une fenêtre, derrière des fleurs, des plantes, en pleine lumière. C'est un pavoisement insolite de tons crus. Mettez ce tableau dans une villa d'été, sous un jour d'atelier, ce sera une fête de la Peinture !

Prenez aussi certains paysages de M. Henri Manguin ; des paysages du Midi, des paysages à montagnes et à bateaux ; et vous aurez un agrément à les contempler. Si la peinture doit décorer des salles (c'est surtout dans les salles à manger que nous réclamons maintenant des peintures claires), à coup sûr des toiles choisies de M. Henri Manguin composeront la plus invitante décoration qui soit !

Pourquoi, avec tout son clair talent, M. Manguin rate-t-il alors des toiles ? C'est que, parfois, les tons, chez lui, sont dissociés et courent trop souvent les uns après les autres. Cela fait une désagréable apparence d'aquarelle, où l'on aime à faire jouer — à faire trop jouer — les blancs du papier.

Quand M. Manguin, au contraire, serre ses tons, quand il se décide à conserver toujours le dessin dans la fantaisie de sa couleur, alors ses toiles sont attirantes ; et elles sont quelquefois aussi curieusement ambiguës, quand, s'influençant de Cézanne et de Renoir, alternativement ou même de tous deux ensemble, elles restent quand même significatives, et vous donnent ainsi l'image de M. Manguin tenant à distance les deux maîtres qui voudraient peindre chacun au moins une moitié du tableau.

Hâtons-nous d'énoncer que cela c'est de la littérature picturale —, si je puis ainsi dire ! car, à Honfleur, à Cassis et dans toute la Provence, M. Manguin a peint des toiles à lui, bien à lui ; et dont la décisive originalité n'est point, un seul instant, en jeu. Ce sont alors des tableaux fort bien composés, très voulus décorativement, et qui sont autant de jolies fenêtres ouvertes sur les richesses des paysages.

Ses figures, enfin, baigneuses et portraits dans des parcs, sont très souvent d'une grâce radieuse ; et si M. Manguin peint d'une façon aiguë et ardente les roses, les bleus, les jaunes, les verts de la chair ; il n'est pas moins habile à peindre les dessins d'une étoffe, à obtenir d'une tunique de soie multicolore le plus captivant, le plus complexe et le plus chatoyant des paysages !

MARQUET. — Marquet est arrivé à la simplification la plus déterminée. Nullement imaginatif, pas émouvant, c'est, lui aussi, un « œil », comme l'appareil photographique. Mais c'est en plus un œil fort bien organisé. Car cet œil où Marquet plus complètement sait fort bien plusieurs choses.

D'abord, le paysage à interpréter. On a dit, un jour, plaisamment : « Marquet voyage jusqu'à ce qu'il rencontre un pont en fer ! » Et c'est vrai ; et Marquet, lui-même, a bien raison d'agir ainsi. Car il les réussit pleinement les ponts en fer, et les ponts autrement, et l'eau qui passe dessous, et les bateaux, remorqueurs et péniches, qui passent dessus cette eau, souvent tachée de beaux reflets.

Mais Marquet sait à souhait trouver d'autres sites. Prenez, en effet, la plus grande partie de ses toiles ; et vous verrez qu'un artiste photographe ou un photographe artiste n'eût pas mieux choisi. A Marquet

LA FENÊTRE ENSOLEILLÉE

ensuite d'intervenir et de simplifier, comme il sait le
faire d'une manière nettement personnelle.

Marquet, également, sait fort bien que les valeurs, les
plans, les profondeurs, etc., etc., peuvent être réalisés
avec le minimum de matière colorante. A peine, sur-
charge-t-il un peu les surfaces lumineuses. Et il obtient
ainsi des paysages qui sont absolument beaux.

Parce qu'il n'invente pas, au sens étroit du mot, il
ne faut tout de même pas voir en Marquet simplement
l'œil — fût-il biblique! — dont je parlais tout à l'heure;
car, de son voyage au Maroc, il a rapporté des peintures et des dessins dont la fantaisie est étonnamment
expressive. Évoquons ses petits ânes trottant sous le
poids des touffus Marocains, et nous vivrons des
minutes joyeuses. Enfin, ses fiacres de Paris, ses
passants, tout le remous du dessus d'un pont, je crois
bien que personne ne l'a représenté d'une manière
plus vivante, plus pittoresque. Les passants se hâtent,
les chevaux trottent et les voitures elles-mêmes roulent.

Enfin, Marquet a peint des nus accomplis. C'est
aussi par la science seule qu'il veut nous intéresser à
ces filles, représentées sans fard dans des intérieurs de
locatis ou d'atelier sans faste. Et il « ingrise » fortement ces nus; il les peint patiemment, lentement, sans
reflets, sans mensonges, sans artifices. C'est la nature
vue grain à grain et interprétée par un myope frénétiquement passionné et qui sait, cependant, pour le meilleur résultat, limiter ses ressources.

MATHAN. — Il y a dans certaines œuvres de M. Raoul
de Mathan un sentiment décoratif très net; et je crois
que c'est là la meilleure vertu de son œuvre à ce jour.
Sans doute, M. de Mathan a peint des paysages et des
figures méritoires; mais il abuse, peut-être, des couleurs
soumises; et, lui aussi, il emploie souvent, trop souvent, un violet commun, qui devient très vite détestable.

Pourquoi aussi M. de Mathan, qui a peint, d'une manière très prenante, de gaies rondes d'enfants, hante-t-il le Palais de Justice pour nous donner des faces de magistrats et d'accusés, bien tièdes à côté des farouches et basses trognes que peint si rageusement, si cruellement et si superbement Rouault?

Il faut laisser à ce dernier cette chasse gardée, où Daumier, le grand Daumier lui-même, n'est pas de taille!

ORTIZ. — Les œuvres de M. Ortiz sont très souvent molles, cotonneuses, pas construites. Quelquefois, elles font penser à des toiles de M. d'Espagnat. Cependant, elles sont toujours plus montées en couleur, plus vivantes. M. Ortiz a une fougue juvénile, c'est certain. Il peint des paysages, des portraits, des natures mortes avec un inconscient entrain. Il abuse du rouge; mais M. Ortiz a une âme de Barbare; et cette couleur à coup sûr le réjouit.

OTTOZ. — M. Emile Ottoz est une partie de l'histoire maintenant constituée du Salon des Indépendants. Il fut de la période héroïque. Nous nous souvenons de ses paysages pittoresques, d'une agréable couleur; paysages dont la diversité était réelle.

C'étaient des sites du Grand-Morin, de Grécy-en-Brie, des études d'arbres, des saules souvent, au feuillage frémissant et argenté! Puis, d'autres années, apparaissaient des paysages d'Auvers, des brumes, des peupliers, des vieilles routes, et cette douce rivière qui fut peinte tant de fois : l'Oise, sereine et indolente!

PESKÉ. — M. Peské vient à la queue des néo-impressionnistes. Il ruse; mais il pense néanmoins, toujours, à] Signac. Il dessine et il peint en hachures

MARQUET

COLLECTION GUSTAVE COQUIOT

PHOTO E. DRUET

arrondies; c'est du « point » allongé. M. Peské brosse
des paysages, des figures, des natures mortes. C'est
solide, mais ce n'est pas « couillard! » C'est très
colorié, mais ce n'est pas d'une attirante couleur générale!

PICART LE DOUX. — M. Picart le Doux peint
lourdement et sa couleur générale est terne. Mais
souvent il réussit un tableau; et alors cette œuvre est
d'une grâce certaine, un peu bizarre, un peu commune, toutefois.

PRUNIER. — Je me souviens des aquarelles de M. Gaston Prunier, voyageur à Ploumanach.

Ce sont des rochers bordant des pans de mer, des
falaises, des anses et des pics — ou bien encore des villages, de simples hameaux isolés en l'étendue et émer-
geant à peine du sol. Et c'est d'une exécution sévère et
sombre, des aspects d'un désordre attachant de pierres
et de landes, interprétés aux heures ternes des jours,
sous des ciels matelassés de nuages.

Aquarelles un peu hâtivement faites, mais presque
toutes bien venues, ou bien planches charbonnées de
crayon noir et d'une coloration monochrome volontairement éteinte. C'est alors l'aspect décoratif de
très vieilles tapisseries ou d'estampes que le temps
aurait lentement, mais minutieusement saurées.

Je me souviens également des aquarelles lavées par
M. Prunier devant des échafaudages. C'était toute l'architecture paradoxale et légère des sapines, dressées
en plein ciel ou accotées aux flancs de la pierre.

Mais M. Gaston Prunier aquarellise surtout les
démolitions. Il tire de ces chaos de pierres, de bois
et de métaux, des sortes de tableaux décoratifs d'un
intérêt très inattendu.

SÉGUIN. — Pendant de longues années, M. Arsène Séguin fut le diligent secrétaire de la Société des Artistes indépendants.

Il exposa dès les premiers jours ; et, en 1914, on le retrouve, l'arme au bras, fidèle au poste, je veux dire avec ses paysages familiers de l'Entrée de la Rance, de Villers-sur-Mer, de Saint-Servan, de Saint-Malo, de Fécamp, de Cancale, de Quimperlé, etc., etc. Curieuses notations de paysages maritimes, tout mouillés d'embrun ou tout fleuris de soleil.

VALTON. — Gloire à celui qui fut si longtemps le Président de la Société des Indépendants ! et non pas Président représentatif seulement, croyez-le ! Car, depuis l'année 1884, jusqu'à sa mort, en 1910, rappelons-nous que de nombreuses toiles du brave père Valton (il était né en 1836), figurèrent aux Salons des Indépendants.

Et ce furent des figures, des portraits, des paysages, des tableaux de genre, des allégories, des *Hommages à Victor-Hugo et à Meyerbeer*, etc., etc. Jamais fécondité ne fut plus touchante ! Il y avait des titres fanés : « A âne ! » ; « l'École buissonnière » ; « Le départ du pêcheur » ; « Le monologue », etc., etc. Et des poésies émues, attendries, se fondaient au dessous des peintures !... Et maintenant que j'écris ces courtes lignes, je suis ébloui en pensant à ce formidable labeur. Car le père Valton fit encore de l'aquarelle, de nombreux dessins, fusain, sépia, sanguine, crayon noir ; des décorations pour des mairies — en projets, hélas ! — et, à bien dire, rien, rien ne l'arrêta ! Il y eut encore, encore : *Le Bain de bébé ; Bébé s'endort ; l'Omnibus improvisé ; le Meunier, son fils et l'âne ; le Tournant difficile ;* etc., etc., et des centaines, et des centaines ! Aussi, on eut bien raison, au Salon de 1911, d'honorer la mémoire du bon père Valton, en organisant une exposition rétrospective de ses œuvres. Il ne

VLAMINCK

LE LAVOIR SOUS LA NEIGE

manquait que lui-même à cette fête! Mais nous enten-
dions toujours la voix du père Valton à nos oreilles; la
voix qui, aux fins des dîners annuels des Indépendants,
chantait si ponctuellement les « Deux Gendarmes », de
Nadaud, et « Je n'ai pas vu Carcassonne! » ; — et elle
ne chantait jamais autre chose, la bonne voix fidèle et
si cordialement émue du bon père Valton !

VLAMINCK. — Un avale-tout-cru de la peinture! Il
l'aime tellement, que, pour un peu, quand il est en train,
il abat ses deux tableaux par jour. Il est capable de
peindre une toile très poussée; mais, à coup sûr, il
préfère liquéfier dans l'essence des arbres, des maisons,
des ciels.

C'est un gros garçon simple qui adore le théâtre de
la Foire, *les combats à l'hache!* les petits bateaux de
verre enfermés dans des bouteilles, les images d'Epinal, les peintures des douaniers de village, les noix de
coco peintes ou sculptées par les forçats de l'ancien
bagne de Toulon, les porcelaines et les faïences qui
s'ornent de troubadours ou d'Écossais à chien roux,
etc., etc., en un mot, Vlaminck *est peuple*, recherche
tout ce qui vient du peuple, et personne ne le comprend
comme lui.

Sa sensibilité est subtile. Nul spectacle de la rue ou
de la campagne ne lui échappe. Vlaminck a peint souvent de très belles œuvres, en laissant seulement vivre
pendant quelques heures sa sensibilité. Les arbres, les
maisons avaient alors des airs douloureux, des visages,
si l'on peut dire, meurtris par les menaces du ciel. Et
quel régal de couleurs, des tons bruns, des tons gris de
souris, des noirs roux, des verts sourds, enchantés,
reposés, résignés, sous le cinglement, sous le cravache-
ment du bleu de Prusse zébrant, en pleine nue, des
blancs d'argent!

Mais voilà, Vlaminck aime autre chose que la Peinture : il aime la Vie! Et, comme la Vie comprend beau-

coup de choses, alors il se fie à son habileté ; et, à grands coups de balai, il brosse des toiles ; il veut vendre, vendre à tout prix !... Ah ! s'il voulait, s'il voulait mesurer son effort !

Quand on a fait un choix d'œuvres de Vlaminck, on a un ensemble qui égale celui de n'importe quel autre peintre. L'influence de Cézanne, sans doute. Mais Cézanne n'a-t-il marqué que Vlaminck ? Les disciples de Cézanne sont tellement nombreux qu'il convient de ne point les énumérer !

Vlaminck peint rarement des portraits. Jusqu'à ce jour, il préfère les paysages ; et il ne les choisit que lorsqu'ils sont quasi abandonnés sous des nuages d'ouragan. Si le bleu de Prusse, *dévorant* et *assassin*, était banni de la palette des peintres, je crois que Vlaminck ne peindrait plus. Car je me demande alors comment il ferait trembler tout à son aise, et avec une sorte de férocité, les petites maisons blanches, dont le toit rouge ou brun-acajou constitue assurément aux douces murailles une bien faible protection !

Le vermillon est aussi une couleur qu'affectionne ce peintre. Il la place tel un appel, tel un cri, au plein milieu d'un bois, au plein d'une eau dormante, lourde de poison. Il ne délaisse pas ainsi le paysage sous la trombe de la tempête qui va galoper, ou qui vient de passer, mais qui peut reparaître. C'est la sensibilité de Vlaminck qui se fait jour, qui veut crier après que, lui, le peintre, dans un moment d'emportement fou, il a balayé tout le paysage de furieux coups de brosse, plongée dans le noir d'ivoire et le bleu de Prusse !

Enfin, les blancs d'argent ou de zinc chez Vlaminck, n'expriment-ils pas la douceur parfois révélée de cette âme qui veut d'abord tout fracasser, noyer tout dans les ténèbres du Greco ; et qui, ensuite, a peur de son œuvre méchante, dévastatrice ; et qui, alors, place, çà et là, comme des repos, comme des reposoirs, des murailles de la blancheur des ailes de la colombe ?

Les Cubistes

Je sais, Picasso, que vous n'avez pas exposé à un seul Salon des Indépendants. Mais il était bien impossible, n'est-ce pas, de présenter la troupe sans le chef ? Donc, vous serez ici, Picasso, loué comme vous le méritez ; et ma joie en est très vive !

Ce qui m'ennuie seulement dans votre troupe cubiste ou cubistique, mon cher Picasso, c'est que, à peu d'exceptions près, vous n'avez guère recruté, pour défendre votre trouvaille (partagée avec tant d'autres, il est vrai !), vous n'avez guère recruté que de bas huiliers, que d'indigents balourds à peine sortis de mamelles ! Je ne sache pas, en effet, que le sieur Picabia, par exemple, puisse honorer en quoi que ce soit votre étendard, pavoisé comme la devanture d'un marchand de couleurs ! Et, aussi bien, vous, cubiste, vous seul, et c'était assez ! Ce n'était déjà pas si mal de votre part d'avoir pensé à la quatrième dimension des mathématiciens, vous qui ignorez si absolument, n'est-ce pas, mon cher Picasso, les sciences mathématiques ?

Mais que vais-je chanter là ? Vous n'avez songé, mon cher Picasso, qu'à un art ornemental en « instaurant » le cubisme ; et, ma foi, je dois dire que personne ne sut comme vous, pour présenter vos tapis, coller des papiers, des bouts de verre, des carrés d'étoffes, sur de belles toiles vierges ; et tout cela arrivait bien vite, en somme, à composer les plus inattendues et les plus merveilleuses des panoplies !

PICASSO. — Le plus capable, peut-être, de toute la jeune Peinture à prendre son bien partout où il le trouve ; à démarquer d'un coup d'œil le peintre le plus hermétique ; à s'assimiler toutes les formules, tous les procédés ; un caméléon lui aussi, mais non pas seulement changeant, au contraire plus rusé que changeant ; un esprit juvénile, ardent, se passionnant pour trois, six peintres dans une seule journée ; tour à tour épris de Steinlen, de Lautrec, du Greco, de Corot, de Puvis de Chavannes et de dix autres peintres au hasard, selon son humeur du moment ; aimant la sculpture nègre et Henri-Rousseau ; dessinant aujourd'hui comme Ingres ou comme M. Friant ; assurément plus dessinateur que peintre ; inventant, après Villard de Honnecourt et Albert Dürer, le cubisme, cette trouvaille de génie ! Quinze ans de gagnés sur la notoriété, la réclame, le scandale ; venu de Barcelone à Paris, pour conquérir Paris ; et vraiment réalisant cette conquête, presque d'un bond, après la première exposition de ses œuvres organisée par moi, en 1901, rue Laffitte !

Et Picasso a du talent, des ressources très diverses. Pour ses tableaux cubistes, il apprit à manier la cisaille, à coller le papier, à faire tenir des bouts de carton ou de zinc sur des lits de couleur. Il étonna, stupéfia aussi une cohorte, un ramassis de piteux brosseurs. Il sub-

DEUX NUS

jugua de même des marchands de tableaux largement
patentés ; et il leur casa ses panoplies avec de sûrs
profits !

Aujourd'hui, il sait, mieux que personne, que le bloc
cubiste suinte, perd son sang, s'évacue en ordures et en
immondices fétides. Picasso, sait mieux que personne
encore qu'il doit se libérer de sa trouvaille, secouer ses
hardes, sous peine de finir avec les charognards. Aussi,
préparez-vous, amateurs, connaisseurs, marchands,
spéculateurs et autres mercantis, Picasso, monté sur
une nouvelle baraque de la foire aux peintres, vous
prépare la vue d'un autre phénomène, l'exhibition
d'un veau à six pattes, le tableau rare, unique, extraordinaire que vous attendez, tous, en bâillant, en vous
désolant, en conchiant vos chausses, tant votre cer-
velle se liquéfie d'inquiétude et d'angoisse, tant vous
suez de peur et d'espérance !

Et moi, le premier, comme vous tous, j'attends de
Picasso ce tableau-là ! Qu'il débusque demain un maître
pas trop pillé ; et, entré dans la demeure de ce maître, il
saura faire main-basse sur son œuvre. Donnons-lui
crédit pour croire qu'il pourra s'assimiler cette œuvre
selon de nouvelles recettes. Du reste, qui nierait le
tour de main de Picasso, son adresse, à mettre en
valeur ses larcins, son ingéniosité qui s'exprime en si
larges développements qu'elle raccroche toute cette
tourbe d'étrangers que Paris avale, toute honte bue, et
qui range autour de lui, Picasso, cette cour puante, cette
basse-cour plutôt, dont il est — avec quelle distinction !
— le dompteur et l'idole.

BRAQUE. — M. Braque a commencé par peindre des
natures mortes et des paysages honnêtes. Puis il
s'embrigada dans la horde éméchée des cubistes. Il
y retint l'intérêt de quelques oisifs et de quelques
braves gens qui ont soif d'originalité à tout prix ; cette
originalité fût-elle de seconde ou de troisième main.

M. Braque, qui revient de la guerre couvert de gloire, ira-t-il bientôt dans une petite troupe fervente et neuve?

GLEIZES. — Portraits, paysages de Bagnères-de-Bigorre, joueurs de foot-ball et nus, formaient les tableaux ordinaires de M. Gleizes avant sa chute dans le cubisme. Ses paysages, surtout, furent rudimentaires, gris, arbres et murs vraiment de prison. Puis, le cubisme actuellement le garrottant, M. Gleizes se condamne à tourner en rond ou à placer en losanges, en carrés, en triangles isocèles, des rubans, des mastics, des bouts de macaroni. C'est amusant de couleur; et j'espère que ça amuse M. Gleizes.

HAYDEN. — Les peintres qui ont influencé M. Hayden sont assez nombreux, ils sont trop! On nomme Friesz, Paul Gauguin, Cézanne, Derain; et, à l'heure actuelle, Picasso tient toujours M. Henry Hayden, écolier, par le fond de ses chausses.

Je plains l'amateur jeté, pattes en l'air, dans cette confusion!

Doit-il suivre Hayden-Friesz, Hayden-Gauguin, ou Hayden-Picasso? Avec le cubisme, au moins, il a plus de chance de s'en tirer; car les cubistes s'entendent assez bien pour ne pas étendre tous, à la fois, sur leurs toiles, les mêmes frisures et les mêmes bouts de tapis. Le cubisme est un des rares syndicats qui fonctionne bien.

M. Hayden, d'ailleurs, est très adroit. Il est de ceux qui, cubisme lâché, se retrouveront aptes à peindre selon la nouvelle formule; et cela, sans honte et sans pudeur.

HERBIN. — Celui-ci également tira fort sur la queue néo-impressionniste; puis, après maints tableaux, il se réfugia dans le cubisme, impasse assez profonde pour recueillir des centaines de jeunes peintres, essoufflés d'avoir couru après une originalité formelle.

Le cubisme recueillit donc M. Herbin. Qui va-t-il suivre après le chef-cubiste?

LÉGER. — M. Fernand Léger a commencé par des toiles bienséantes; puis, un beau jour, il a accumulé sur d'invraisemblables escaliers des batteries de cuisine folles. Le cubisme se permet tout, c'est entendu; mais M. Léger ne met jamais d'ordre dans sa baraque foraine : *Ici l'on casse! Au porte bonheur!* et l'on passe, indifférent, devant ce perpétuel étalage de pots égueulés, d'assiettes en morceaux et de bouteilles fracassées.

METZINGER. — M. Jean Metzinger est un peintre tourmenté, curieux et raisonneur. Il fut et il est encore tiraillé en tous sens par les mouvements d'opinion les plus divers.

Nous avons connu M. Metzinger jeune pompier. Il brossait alors des paysages et des portraits, qui offraient toutes les apparences de la sagesse la plus réfléchie.

Puis la mouche du néo-impressionnisme bourdonna au-dessus de sa tête, et finalement lui piqua l'oreille. Il entendit alors les appels de Signac; et il devint adorateur de la *touche divisée*. Rien ne changea pour cela. Il mit des petits points contrastés sur les mêmes paysages et sur les mêmes portraits, cernés par le même dessin.

Et enfin le cubisme apparut. M. Metzinger, alors, se dévoua corps et âme à la religion nouvelle. Il planta des équerres sur des épaules de femme; il installa en pleine action des voltamètres sur des bras de fauteuil; il joua avec les dodécaèdres et avec les rhomboèdres.

Rien encore ne changea pour cela. M. Metzinger fut

un homme de plus dans la petite trôlée du cubisme ; et l'on attend, aujourd'hui, sans émoi, la nouvelle transformation de M. Metzinger.

RIVERA. — Deux tableaux de M. Diego Rivera : *La jeune fille aux artichauts* et *La jeune fille à l'éventail.* Ces deux tableaux, en harmonie grise, rose et verte, sont d'un beau sentiment décoratif. Ils ressemblent à des fresques, et ils en ont toute l'austérité et tout l'attrait.

J'ai mis M. Rivera dans la troupe des cubistes. Mais M. Rivera, quand il consent à ne pas tomber à fond dans cet art de tapis — ou simplement ornemental — qu'est le cubisme, il est, j'y reviens, un décorateur doué des plus séduisantes qualités. Et, lui au moins, il peut très bien développer ses dons, sans qu'il ait besoin d'ahurir en taillant outrageusement dans la chair, devenue bois, des personnages qu'il met en scène, pour répartir ensuite ces déchets de bois au hasard d'une fantaisie de tapissier chu dans les brindezingues !

COLLECTION GUSTAVE COQUIOT

PHOTO ROBERT

LA JEUNE FILLE AUX ARTICHAUTS

Les Illustrateurs

Je range dans cette catégorie les illustrateurs
proprement dits, et tous les peintres et dessinateurs qui aiment l'anecdote et qui ne recherchent
pas toujours la qualité du sujet à représenter.

Parmi ces illustrateurs, les uns s'en tiennent
au croquis de mœurs; et les autres, plus pré-
somptueux, s'attaquent à la technique plus exigeante
du tableau.

Mais les uns et les autres ont plu ou plaisent à la
foule. Ils ont, par époque, et, tour à tour, leur
public. Il est bien évident, par exemple, que Willette ne saurait plus charmer, en l'an 1920, les
Montmartrois devenus Anglais, Américains et Italiens. Ibels, aussi, est comme démodé, tant il est
loin le temps du Théâtre Libre!... Ah! les illustrateurs, certes, sont les moins enviables des artistes !
Ils connaissent leur triomphe; puis ils s'écroulent.
Seuls, les biblophiles, ces amateurs podagres, accordent alors un pleur à leur mémoire.

BOLLIGER. — Pour M. Bolliger, la plus noble conquête de l'homme, c'est le cheval. Je ne veux pas énoncer qu'il n'a peint que des chevaux. De nombreuses natures mortes, et de multiples paysages témoignent du contraire ; et cela tantôt sous l'influence de Van Gogh, tantôt sous l'influence de Renoir. Des nus, également, fixèrent et fixent toujours son attention. Mais, indéniablement, le grand amour de M. Bolliger, c'est le cheval.

Qu'il soit cheval d'omnibus, cheval de livraison, cheval de cirque ou cheval de promenade, cela importe peu à ce peintre, qui a, vraisemblablement, toutes ses nuits peuplées par des chevauchées galopantes. Le tout, c'est de peindre un animal qui a nom cheval ; et M. Bolliger ne manque jamais à cette tâche.

Pourtant, fait assez commun : je parierais volontiers que M. Bolliger n'a jamais conduit un cheval. Alors on ne s'explique guère cette passion, très calme en somme, puisque M. Bolliger se contente uniquement de faire le portrait d'un cheval ; et ce n'est ni très émouvant, ni très plastique, quand on se satisfait, comme M. Bolliger, d'une réalisation quasi photographique.

Faut-il croire que M. Bolliger, né dans un pays de glaciers, en Suisse, a souffert longtemps de ne pas voir un cheval, et que, lorsqu'il en a vu un, il lui a voué un culte délirant ? Faut-il croire aussi que M. Bolliger subit l'influence d'une hérédité implacable ; l'esprit revenu, en lui, d'un cent-gardes, parent lointain et insoupçonné ? Ou, tout bonnement, faut-il croire que M. Bolliger a simplement raisonné ainsi : Des peintres font des ponts, toujours des ponts ; d'autres peintres des scènes mythologiques, toujours des scènes mythologiques ; d'autres peintres encore, des sujets religieux, toujours des sujets religieux ; d'autres peintres enfin, le portrait de Madame, toujours le portrait de Madame ; eh bien ! moi, je ferai des chevaux, toujours des chevaux. Ce n'est pas plus neuf, mais ce n'est pas plus bête ?

BORGEAUD. — M. Borgeaud admire Félix Vallotton, né comme lui à Lausanne. Il l'admire jusqu'au point de lui « chiper » les petits *intérieurs*, dans lesquels l'esprit froid de Vallotton exulte. Tout ce qu'il y a de propre, de net, de précis dans la représentation des intérieurs-Vallotton, M. Borgeaud, avisé comptable, le note et en fait son farouche profit. Même sécheresse d'âme, même parcimonie de détails, même cruelle satisfaction de ne rien négliger. Mais c'est moins amusant, encore; et c'est plus guindé, plus en bois! M. Borgeaud est assurément un peintre de l'Helvétie, qui veut flirter avec l'esprit français. Il y a un peu en lui des grâces de l'ours de Berne.

Et quand M. Borgeaud se laisse entièrement aller à sa nature, il plagie alors très fâcheusement Lavrate. Nous nous souvenons d'un *Banquet de facteurs des postes* qui était lourdement accablant. Le bas comique, le niais dessin de Lavrate s'enflait ici jusqu'à l'apothéose. M. Borgeaud, s'essoufflant sur cette vaste toile, apparaissait très dispos pour les cavaliers seuls dans les cachuchas de l'huile.

FORAIN. — On a si abondamment *expliqué* l'œuvre de Forain, qu'il est bien inutile que je revienne, à mon tour, sur son cas. Je veux seulement avancer que Forain a tort de s'obstiner à transposer en une peinture sourde — et si vaine! — les agressifs dessins de mœurs qui ont établi sa réputation.

GRANDJOUAN. — Un vigoureux, ardent dessinateur, pamphlétaire hardi. Des occasions trop rares de le louer, comme lorsqu'il représenta *Les mineurs et les verriers au travail.* Des dessinateurs comme Grandjouan et Luce ont plus fait, à eux deux, pour la cause syndicaliste, que tous les politiciens réunis.

HERMANN-PAUL. — Les dessins et les gravures de M. Hermann-Paul sont farcis d'humour. Les noirs et les blancs sont savoureusement distribués, contrastés.

Dessinateur de mœurs, M. Hermann-Paul est encore plus amer que Forain.

Peintre, il peint trop souvent de simples et courtes anecdotes.

Mais il est sans pareil dans ses illustrations de complaintes et de chansons. Voilà la nouvelle image d'Epinal qu'il faudrait distribuer. Et quelles ressources merveilleuses il tire de la xylographie! Il y a des éclairages et des noirs — à la lumière — de la plus neuve facture et d'un vif attrait.

Au Salon d'Automne de 1919, M. Hermann-Paul exposa une suite gaillarde : *La femme du roulier; Un jour, Colette; Jeunes gens de mon pays; Et comment l'entendez-vous?; Le retour du marin; Madelon.*

HERVIEU. — M^llo Louise Hervieu nous donnera à admirer, cette année 1920, les illustrations de deux livres : *Le livre de Geneviève* et *Les Fleurs du Mal.*

Ce sera un durable étonnement. Si le premier livre, en effet, contient des illustrations neuves, mais, pourrait-on affirmer, pour enfants; il n'en va pas de même pour le second livre, si souvent souillé par d'indigents illustrateurs, et qui trouve enfin une illustration idoine, une illustration non plus pour enfants, assurément, mais, au contraire, pour les plus grandes personnes, et à condition, encore, qu'elles soient possédées du Démon et aptes à comprendre tout le merveilleux et tout le mystère !

— M^llo Hervieu a réalisé pour l'impérissable chef-d'œuvre d'inouïs dessins, où les noirs, les blancs, chantent les plus doux des épithalames et les plus effroyables cantiques de la Mort.

LOUISE HERVIEU

LE CHRIST ENCHAINÉ DE SUIPPES
(DESSIN AU CRAYON NOIR)

Avec quel amour Mlle Hervieu a composé tous ces dessins! On sent, à les regarder, qu'ils ont été réalisés dans le plus complet bonheur; car voyez le détail des plus menus objets d'un décor; autrefois seulement on dessinait de cette manière. Tout est si beau, ici : un candélabre, une glace de Venise, des fleurs, des lampes qui baignent de lumière le lit des Amants.

Quel ravissement enchanté quand on exposera l'ensemble de cette illustration unique!

IBELS. — Dessina, déforma caricaturalement, traça des silhouettes du café-concert et du théâtre. Peignit de trop faciles et de trop sommaires anecdotes. Commit des caricatures politiques. Inventa des costumes de théâtre; et, pendant la guerre, accumula, sur l'ex-Kaiser et sa bande, des estampes-affiches qui eurent une fortune éphémère.

KUPKA. — A illustré les *Poèmes barbares*, de Leconte de l'Isle; et a gravé des nus de cabarets. A recherché ensuite l'originalité à outrance; et, la désirant quand même, s'est mis à écraser sur des toiles vierges des éponges imbibées de couleur; est arrivé ainsi à des bariolages, à des énigmes, à des halos, qu'il baptise, sérieusement : *Plans par couleur; plans verticaux;* etc. J'espère que M. Kupka, lui aussi, se divertit en regardant ses toiles.

MAURIN. — Charles Maurin fut un robuste dessinateur et un adroit metteur en scène. Il dessina des types de Paris et allégorisa la *Liberté* ou la *Justice*. Il mourut misanthrope, totalement écœuré du monde, loin, dans un coin de province, après avoir été un des plus vivants Montmartrois, au temps de Carabin, de Lautrec, de Gœneutté et de Zandomeneghi.

MAX-JACOB. — M. Max-Jacob a la bonne fortune d'être à la fois homme de lettres, antiquaire, dessinateur, peintre, introducteur des Ambassadeurs au *Lapin-agile* et sorcier-chiromancien. Je passe sous silence quelques autres profitables ressources.

Peintre — cela seul nous occupera ici, — il réalise des gouaches légères, qui ont quelquefois un parfum romantique très déclaré, et qui, d'autres fois, sont simplement d'aimables paysages parisiens.

Souvent, toute l'âme capricante de Guardi revit dans ces paysages de Paris. C'est, avec un accent plus moderne, la même prestesse d'indication, la même construction agile de maisons et de dômes. Oui, vraiment, on ne peut s'empêcher de songer à l'alerte peintre de Venise, quand on admire les jolies gouaches de M. Max Jacob, homme de lettres, peintre et sorcier-chiromancien!

STEINLEN. — M. Steinlen a la lourde notoriété des maîtres. Il la doit à ses illustrations répandues un peu partout, et aussi aux éloges de M. Anatole France, juge éclairé, qui a écrit un jour : « M. Steinlen est l'un des plus grands artistes de ce temps ! »

Il n'en faut pas plus pour arriver d'un bond au premier rang. Mais M. Steinlen s'y maintiendra-t-il de lui-même ? ou aura-t-il besoin d'un second article de M. Anatole France, juge éclairé ?

WILLETTE. — Au Salon de 1890 : *La Machine infernale.* Une locomotive, portant sur son poitrail cette indication : *Israël and C°*. Un juif, très juif par le nez, conduit la locomotive. Elle s'époumonne, mais avance, écrasant des enfants, des femmes, des soldats, des ouvriers, des poëtes ; elle écrase, malgré un évêque qui la somme de ne plus avancer ; elle écrase, malgré les pavés jetés sur sa route.

Ce fut un scandale. Alors Willette n'exposa plus, satisfait d'avoir crié de tout son cœur sa haine des Juifs.

Les Graveurs

Bien entendu, ne sont estimables que les graveurs originaux. Certes, je ne nie pas le patient labeur de ceux qui exécutent une gravure d'après le tableau d'un autre ; mais, pour moi, cela est tout à fait vide d'intérêt. Car, outre qu'il y a toujours trahison dans l'interprétation d'un tableau par un graveur, il est bien évident qu'une bonne photographie du dit tableau apparaît autrement utile et recommandable. Et puis, enfin, le graveur d'après tableaux a une technique somme toute peu variée, presque conventionnelle ; tandis que le graveur original, n'ayant à plaire qu'à lui-même, peut tailler et retailler sa planche de bois ou de cuivre, à sa libre fantaisie !

LABOUREUR. — Je me plais aux gravures de M. Laboureur. Elles sont sèches, précises, tout en traits, souvent un peu cubistes, mais toujours attrayantes, curieuses. Elles dénotent un esprit touche-à-tout, plein de vie jeune et hardie. Je suis pris également

par les sujets si anglais, si américains, si sportifs,
si singuliers d'invention gaillarde et aigüe.

Je vous assure que les *Matelots ivres*, les *Gymnastes*,
le *Clown au chien*, le *Café du Commerce*, les *Amants au
bois*, le *Jockey d'Epsom*, et des centaines d'autres
sujets, constituent vraiment de réjouissantes planches,
qui font bien de M. Laboureur le plus subtil, le plus
drolatique, le plus ingénieux graveur qui soit ! Et
toujours ces tailles en fil de rasoir, cette certitude du
dessin, ce goût de la composition qui sont tellement
neufs et imprévus !

LESPINASSE. — Les complications les plus immo-
dérées n'affolent pas du tout M. Lespinasse, graveur
sur bois, né aux États-Unis. Villes sur villes, bateaux
sur bateaux, ponts sur ponts, nuages sur nuages, tours
sur tours, M. Lespinasse entasse tout dans une sorte
de désordre chaotique, au milieu duquel, au bout d'une
seconde, on se retrouve, du reste, aisément.

Et ce pêle-mêle de choses, ce tohu-bohu de matériaux
ne déconcertent pas. Dessin et couleur (noirs et blancs
sont fort bien contrastés) vous guident avec plaisir vers
d'émouvantes confrontations de la pierre, de la brique
et du fer, vers des coins de la planche où M. Lespinasse
s'est révélé tel qu'un metteur en scène infiniment adroit
et pathétique.

Deux apôtres du Purisme

Dans la bibliothèque : *Commentaires sur l'art et la vie moderne*, édités rue de Penthièvre, à la galerie Thomas, MM. Ozenfant et Jeanneret, artistes peintres, ont publié un volume intitulé : *Après le Cubisme*, qui est un entêté plaidoyer en faveur du *Purisme*, la religion nouvelle qu'ils préconisent. Si un lecteur veut être complètement renseigné — d'abord sur le *Purisme*, et aussi sur le *Cubisme*, — je le renvoie au dit volume. Mais à l'intention d'un second lecteur, que quelques aperçus seulement peuvent contenter, je note, touchant le *Purisme*, les aphorismes ci-après :

« *Le Purisme n'entend pas être un art scientifique, ce qui n'aurait aucun sens.*

*
* *

« *Il estime que le Cubisme est demeuré, quoiqu'on en dise, un art décoratif, ornemanisme romantique.*

*
**

« Il y a une hiérarchie dans les arts : l'art décoratif est au bas, la figure humaine au sommet. »

*
**

« La peinture vaut par la qualité intrinsèque des éléments plastiques et non par leurs possibilités représentatives ou narratives. »

*
**

Le Purisme exprime non les variations, mais l'INVARIANT. L'œuvre ne doit pas être accidentelle, exceptionnelle, impressionniste, inorganique, protestataire, pittoresque, mais au contraire générale, statique, expressive de l'invariant.

*
**

Le Purisme veut concevoir clairement, exécuter loyalement, exactement, sans déchets ; il se détourne des conceptions troubles, des exécutions sommaires, hérissées. Un art grave doit bannir toute technique trompant sur la valeur réelle de la conception.

*
**

L'art est avant tout dans la conception.

*
**

La technique n'est qu'un outil, humblement au service de la conception.

*
* *

Le Purisme craint le bizarre et l' « original ». Il recherche l'élément pur pour en reconstruire des tableaux organisés qui semblent être faits par la nature même.

*
* *

Le métier doit être assez sûr pour ne pas entraver la conception.

*
* *

Le Purisme ne croit pas que retourner à la nature signifie retourner à la copie de la nature.

*

Il admet toute déformation si elle est justifiée par la recherche de l'invariant.

*
* *

Toutes les libertés sont acquises à l'art sauf celle de n'être pas clair ».

OZENFANT et JEANNERET. — Leurs tableaux sont assurément neufs et fort curieux. Il y a en eux un goût véritable de l'invention ; et c'est très inespéré et c'est très organisé !

Un Futuriste

J'ai reproduit, dans un livre édité chez Ollendorff
(*Cubistes, Futuristes, Passéistes*), les théories émises
par les peintres et sculpteurs futuristes. Je n'ai donc
pas à revenir sur cette manifestation d'art qui com-
porte, avec beaucoup d'étrangeté, une expression de
beauté certaine et intensément originale.

SEVERINI. — Sage, M. Gino Severini réalisa d'abord
des portraits, des figures et des paysages médiocres ;
puis, devenu Futuriste, il imagina des tableaux d'une
fantaisie démesurée. Son alerte *Bal Tabarin*, par
exemple, est bien la plus amusante fresque, ou, si l'on
préfère, le plus divertissant tapis qui existe. Il y a là-
dedans mille détails plaisants ; et la couleur, vous ne le
nierez pas, en est très agréable. Sans doute cela vous
ahurit : vous êtes habitué à de telles banalités que
la moindre recherche vous disjoint ; mais essayez
de vous dire qu'il y a des raisons de peindre autrement
qu'au pigeonnier de l'Ecole des Beaux-Arts ; et vous com-
prendrez, peut-être, que les Futuristes ont apporté, en
somme, une manière neuve de tapisser les murs de vos
hôtels et de vos logis.

Un Synchromiste

Le même livre que je viens de citer — *Cubistes,
Futuristes, Passéistes,* — contient, tout au long, le
plaidoyer synchromiste. Je renvoie le lecteur à ce
livre.

MORGAN-RUSSELL. — M. Morgan-Russell fut le
champion, avec M. Macdonald Wright, du synchro-
misme. Ces deux peintres américains bataillèrent comme
dix pour ces idées-là ; ils lancèrent manifestes sur manifestes ; ils organisèrent expositions sur expositions ;
puis, ayant bien combattu ensemble, — et la guerre
étant venue ! — ils se séparèrent.

Aujourd'hui, M. Morgan-Russell compose de vastes
tableaux à la manière de Chenavard ; et il peint aussi
des intérieurs et des paysages qui font quelquefois songer aux recherches picturales après lesquelles trotte
sans trêve M. Henri-Matisse.

Un Orphiste

Ici, je vais accorder au lecteur une surprise : une page complètement inédite du chef de l'orphisme ou post-cubisme : Robert Delaunay.

Voici cette page, avec toute son éloquence :

« *Je n'aime ni les écoles, ni les théories, ni les systèmes.*

« *Je trouve dangereux de comparer un temps avec un autre pour essayer d'augmenter la vision présente de l'Art et la Vie.*

« *Il n'y a pas de théorie, d'écoles, de systèmes, il n'y a que le métier.*

« *L'amour du métier peut être poussé plus haut, ou plus loin des sens, le réalisme ne fixant pas de limites. Tout est simultané.*

« *Les écoles qui forment ce mot détestable, la mode, se heurtent à la sensibilité des foules et de l'individu.*

« *J'aime ces foules et cet individu qui ne sont pas ébranlés dans leur sensibilité ; car c'est de là que naît le métier, cette force agit, et c'est de ce réalisme pro-*

fond, ce mouvement ~~de la~~ matière que naît ce qui se
voit, ce qui se représente.

« Je défie tous les philosophes, toutes les théories,
toutes les écoles.

« L'esprit sort de la matière, la matière en mouvement, c'est la sensibilité, le métier.

« En partant de notre œil le sens qui nous donne
la profondeur ne nous donne pas de prolongements
mais des contrastes simultanés, forme, métier, et tout
est couleur en mouvement.

« Il n'y a pas plus de traditions que d'antitradi-
tions.

« Une théorie ne peut arriver à SE REPRÉSENTER
FORMELLEMENT, peut-elle tout juste être illustrative ».

DELAUNAY. — Pompier d'abord, le « pet rouge »,
comme l'a surnommé si exactement Cravan ; M. Delaunay, pour tout dire, a commencé par vivre d'abord
comme un primaire. Toute une série de peintures sages,
mais inexistantes, est née à ce moment-là. Paysages,
natures mortes, rien ne vaut. Puis on se mit à bourrer
le crâne de M. Delaunay. Pêle-mêle, on y entassa de
la philosophie, de la mécanique, de la théorie des couleurs ; et feu Apollinaire, enfin, planta un jour le drapeau des Papous sur ce gros garçon rouge qu'il qua-
lifia d'orphiste !

Alors, d'un coup, le délire secoua M. Delaunay. Il
inventa le *Disque solaire simultané* ; et il se rua dans
les niaiseries les plus saugrenues, les plus hurlu-
berlues, comptant sur tout un amas d'idiots pour
l'applaudir. Mais la guerre vint ; et M. Delaunay s'effondra dans un débordement de peinture et de dévoîment.

Les Sculpteurs

La sculpture, « cet art de Caraïbes », comme l'appelait Baudelaire, ne plaît guère à la foule. Il est vrai que, l'indigence de l'Architecture actuelle aidant, la sculpture est tombée jusqu'au bibelot et à la statuette; et cela, ce n'est pas le bon moyen pour stupéfier le passant. Puis, où caser de la sculpture dans nos modernes chambres? Les millionnaires seuls peuvent se permettre cette fantaisie. Enfin, si vous exceptez le bois et le marbre, convenez que la pierre sculptée et le bronze patiné donnent tout de suite à penser à une chapelle mortuaire, ou à un logis de marbrier qui attend, calme et taciturne, — pour être à l'unisson! — les clients tristes!

BAFFIER. — Je ne sais pas si jamais le régionalisme français aboutira à quelque chose de viable; mais, en tout cas, voici en Baffier le plus ardent et le plus tenace apôtre de l'art régional. Son Berri vaut pour lui tous les empires du Monde.

Tous ses meubles, tous ses bustes en pierre sont

exécutés en bois et en pierre de son pays. J'ai bien
envie d'écrire que ses cuivres et ses étains sont de
même des métaux très berrichons. N'importe, toutes
ses figures, tous ses bustes, tous les personnages qu'il
met en ronde autour de ses vases ou qu'il place comme
des cariatides sous les manteaux des cheminées qu'il
bâtit, tous sont bien des hommes et des femmes du
Berri. Je crois qu'il se couperait la main droite, la
bonne main, plutôt que de représenter homme ou femme
même d'un pays voisin. Et cela vous a un accent et un
style de tous les diables. Voilà un sculpteur qui modèle,
qui sculpte bien pour des « gens qui ne savent pas
lire ». Baffier s'adresse au peuple, ne représente que
des gens du peuple, et il ignore tout le reste de la Terre.
Je ne sache pas qu'il ait été jamais tenté par une com-
mande officielle. Il estime et il croit, — dur comme fer !
— qu'une partie de l'art moderne peut être réservée à
la glorification du paysan ; le tout est de savoir modeler
une blouse, un chapeau mou et fichus et jupes.

Et Baffier a inventé pour cela un modelé robuste,
âpre, dépouillé de toute mièvrerie. Et il a tout modelé,
pour ses paysans, pour ses amis : des candélabres, des
pichets, des Femmes au marché, etc. ; et sa joie est
vraisemblablement énorme quand il peut représenter
« le grand-père Regnaud, qu'avait de grandes connais-
sances sur les vartus du Soulé, les trigauderies de la
lune, sur la tire des quater vents, et la température de
l'air de nouter pays ! » ou encore « Sadet de la Bourre-
Font, qu'était fort comme un chevau. »

A un homme pareil, allez donc lui parler d'autre
chose, et lui dire qu'il y a des Vénus de Médicis et des
Apollon ; il vous répondra que de toute la mythologie
grecque et romaine, il ne retient que Pomone, la déesse
aux ronds tétons, et Cérès la blonde, parce qu'elle
porte sur ses bras les lourds épis de la terre.

Et parce que Baffier a l'admiration de la force des
garçons plantés comme des chênes, parce qu'il aime et

chérit son beau et plantureux pays, il a dégagé un style
paysan qui est bien à lui, tout à lui ; et, ma foi, à tout
prendre, il se rattache ainsi aux sculpteurs du moyen-
âge, qui, eux aussi, choisissant pour modèles les faces de
leurs compagnons, sculptèrent d'expressives physio-
nomies de saints et d'émouvantes rondes des morts.

CARABIN. — Un des premiers assidus des premiers
Salons des Indépendants, Carabin, modeleur, sculpteur, graveur, alchimiste et sorcier. Il a tout réalisé en
toutes matières : plâtre, marbre, bois, bronze, faïence,
étain, or, argent, etc., etc. Il a signé des statues, des
bustes, des groupes, des objets d'art, des meubles, des
pendules, des bougeoirs, des bagues, enfin tout ce que
l'on peut sculpter et graver. Des dessins, il en a des
cartons pleins ; et il se délasse en faisant de la photographie : des nus hardis ; — Carabin a le physique et
l'âme d'un Chinois ravagé de luxure.

Certes, il ne compte plus les ennuis qu'il a eus avec
tous les jurys, pour ses sacrés envois bourrés de mauvaises intentions ! On l'a décoré, un jour, espérant
l'assagir ; il est revenu très vite à son goût de tout
montrer ; — et il a raison, puisque c'est la Vie.

Et pourtant il avait commencé par envoyer au Salon
une *tête de République, Alexandre III* et *Victor Hugo* !
Ce n'était pas le vrai Carabin ; bientôt après, nous
le retrouvions tel qu'il est, avec la *Femme au Singe*
et la *Femme à la Perruche.*

Mais n'exagérez point ce que j'avance là et voyez
aussi en Carabin un sculpteur qui sait, de plus,
dérouler des rondes de paysans et de paysannes autour
de vases décoratifs. Voyez-le encore modelant de fré-
missantes statuettes de danseuses. Voyez-le enfin sculp-
tant des meubles, des vitrines, qui restent des témoignages d'un original et inventif artiste. Pour tout
dire, voyez surtout en Carabin un sculpteur qui,
en des temps plus favorables, eût réalisé également

une œuvre parallèle à celle des sculpteurs de cathédrales ; car il en a l'âme ingénue, l'âme désintéressée et farouchement indépendante.

CHARMOY. — José de Charmoy fit surtout de la sculpture littéraire et, ayant le pressentiment de sa fin prématurée, il modela des figures de tombeaux : les *Monuments à Baudelaire, à Beethoven,* etc. M. Albert Bartholomé, qui est aussi un sculpteur pour nécropoles, pouvait craindre là une concurrence sérieuse. Aujourd'hui, M. Bartholomé reste seul ; et l'on ne compte plus ses « Pleureuses », ses « Muses agenouillées » et ses « Adieux à la vie ! »

José de Charmoy, âme frêle, avait le culte du boursoufflé, de l'énorme inutile, de la redondance, du remplissage ; et il employait volontiers les cabotins pour figurer des génies du Mal et de la Douleur. Avec l'âge, il eût certainement répudié M. de Max, pour le remplacer par un modèle tout simple, tout bête, qui, après tout, donne mieux le moyen de réaliser une sculpture louable, aussi éloignée de la Littérature que de la sottise !

DESBOIS. — Desbois, est, au physique, un bon vigneron qui adore le vin, qui le chante, qui l'exalte — et qui le boit avec des ivresses non dissimulées. Et voilà longtemps qu'il est ce bon vigneron, retiré de Paris, tout là-bas, aux fortifications, à la porte de Saint-Cloud !

Comme sculpteur, il est, au contraire, toute la grâce même, et la plus notoire : celle du dix-huitième siècle. Il a modelé cependant de puissantes statues ; et, excellent praticien, tout est sorti de ses propres mains : pierre, bois et marbre.

Mais toute sa grâce s'est affinée dans les centaines de statuettes, et d'objets d'art qu'il a réalisés. Si vous avez vu ses expositions diverses chez Hébrard, vous avez vu vraiment tout ce que l'on peut inventer.

Quel bon vigneron là encore il a été ! Voilà plus de quarante années qu'il consacre à sa vigne, je veux dire à sa sculpture. Les amateurs — qui ne savent rien ! — ne peuvent apprécier son long effort, qui a été si souvent récompensé par la joie d'une copieuse vendange. Plus tard, on recherchera les œuvres délicates, précieuses, sorties des gros doigts de ce rude ouvrier. Les amateurs retardent toujours ; c'est pourquoi ils sont encore hébétés par les faux que l'on attribue à Houdon ou à Pajou ; et ils ne songent guère plus à Desbois qu'ils ne songeaient, voilà vingt ans, à Rodin !

Que d'œuvres pourtant passèrent par cet atelier des champs, où il fait si doux, sous la tonnelle, l'été ! Que d'après-midi j'ai vécus, amusé de voir Desbois, la pipe au bec, faire voler en petits éclats le marbre ! Ou bien, son verre de vin blanc à côté de lui, il modelait, patiemment, lentement, amoureusement, un buste de jeune femme. Et, impitoyable, sans souci de sa fatigue, à elle, et de sa fatigue, à lui, il tenait son modèle debout, se levait au-dessus, regardait au-dessous, par derrière, de côté ; et une petite boulette de terre, caressée aussi tendrement qu'une boulette d'opium, venait s'ajouter à toutes les autres boulettes ; et ce travail durait des heures, des jours, des mois !

Ah ! les gaies après-midi d'autrefois, quand, pendant ce temps, les clairons d'un bastion voisin vrillaient l'air de leurs notes aiguës, qui allaient bientôt sonner pour de bon l'hallali d'effroyables massacres !

FIORI. — La sculpture est réduite par M. Ernesto de Fiori à sa plus simple expression.

Autant les œuvres de Rodin, par exemple, sont bos-

suées, tourmentées, chaotiques; autant les œuvres de
M. de Fiori sont calmes, lisses, froides jusqu'à l'exagération. Cela n'est pas dépourvu de charme et de grandeur.

INDENBAUM. — Ce sculpteur a le goût de l'énorme,
du géant. Si on le laissait faire, ou du moins si la vie
ne lui coupait pas de temps en temps son effort, il en-
tasserait, sans barguigner, Pélion sur Ossa.

Il a aussi le goût de toute matière. Il ne tremble pas
plus devant le granit que devant le bois. C'est un artiste
d'une habileté invraisemblable; et jamais une technique
quelconque ne l'arrête. Il peut tout entreprendre et tout
réussir.

Avoir de l'argent, beaucoup d'argent, et confier à
Léon Indenbaum des décorations murales, quel rêve!
Mais on le laissera sans doute isolé, pendant de longues
années, pour le découvrir au tard de sa vie, au bord de
sa nuit.

LACOMBE. — Georges Lacombe fut à la fois un sculpteur exercé et un peintre médiocre. Il sculpta des bois
curieux : bustes, nus, plaquettes, masques et guignols;
et il représenta des paysages sans flamme. Il eut une
originalité comme sculpteur; comme peintre, il fut
inexistant. Pourtant il tint à ces deux métiers à la fois.
Riche, il put se permettre ces deux fantaisies. Mais sa
mémoire n'y gagne rien.

MARQUE. — M. Albert Marque est le sculpteur de
l'enfance. Ses œuvres sont aimables. Elles plaisent surtout à ceux qui ne demandent pas à la Sculpture des
contorsions d'épileptiques et des mouvements soudainement figés. Elles sont calmes, ingénues et d'un joli
sentiment.

METTHEY. — Les grès, les œuvres en faïence, les céramiques de M. André Metthey sont illustres. L'invention, l'ingéniosité, les recherches les plus inédites de couleurs, les dessins les plus exquis, les formes les plus fragiles ou les plus stables, tout cela est l'apport enchanté de M. André Metthey dans tout ce qui constitue la décoration de la table, des murs et des vitrines de la maison. Même s'il prend des idées chez les Orientaux, par exemple, M. André Metthey renouvelle ces idées ; il les transforme, il les anime par un autre dessin, par des couleurs entraînées selon d'autres rythmes ; et cela est chaque fois séduisant, précieux, paré de la plus extrême fantaisie !

NADELMAN. — Exposa à la Galerie Druet un ensemble de sculptures peu inventives. Ses œuvres s'apparentent peut-être à celles de M. Ernesto de Fiori ; mais elles sont moins élégantes et moins étranges. M. Nadelman, pour tout affirmer, n'exhausse pas très haut la Sculpture.

RIVAUD. — M. Charles Rivaud est, avec MM. Henry Nocq et Carabin, le seul créateur de bijoux qui compte. Ses bijoux sont toujours rares, d'une technique savante, et d'une originalité délicate ou robuste.

ZADKINE. — Ce sculpteur est arrivé à une synthèse formelle. Il laisse à la matière, bois, marbre, pierre, son plus gros volume possible. Il exècre le mouvement ; et il concentre toute vie dans des attitudes rigides, dans des poses sommaires. Tradition égyptienne, sans doute ; mais il ajoute une part de la sensibilité de notre temps aux beaux modèles classiques. C'est moins puissant ; mais c'est de la sculpture d'un homme de maintenant. J'ai vu les premières œuvres de M. Zadkine. Ce sont des sculptures d'École, conventionnelles, apprises. Aujourd'hui, M. Zadkine va vers la barbarie, vers l'étrangeté, et il comprend que la pierre (la matière qu'il préfère), ne peut pas, sous peine de déchéance, tomber, étant attaquée directement, dans ce détail que le bois ou le bronze supportent, eux, plus aisément.

APPENDICE

Nomenclature des Exposants cités

et

des Salons auxquels ils prirent part

———

N. B. — Autant que cela nous a été possible, nous mentionnons ci-après les lieux et les dates de naissance des Artistes cités :

ALBERT-ANDRÉ (Benjamin),
né à Lyon, en 1869.
Salons de 1894, 1895, 1896, 1901.

ANGRAND (Charles)
né à Criquetot-en-Caux (Seine-Inférieure).
Salons de 1884, 1886, 1887, 1888, 1890, 1891, 1892, 1893, 1894, 1895, 1901, 1903, 1905, 1906, 1907, 1908, 1909, 1910, 1911, 1912, 1913, 1914.

ANQUETIN (Louis)
né à Etrépagny (Eure).
Salons de 1888, 1889, 1890, 1891, 1892, 1893.

ASSELIN (Paul-Maurice)
né à Orléans, le 24 juin 1882.
Salons de 1906, 1907, 1908, 1909, 1910, 1911, 1912, 1913, 1914.

BAFFIER (Jean)
né à Neuvy-le-Barrois (Cher), le 18 novembre 1851.
Salons de 1910, 1911, 1912, 1913, 1914.

BERNARD (Émile-Alexandre-Henri)
né à Lille, le 28 avril 1868.
Salons de 1891, 1892, 1902.

BISCHOFF (Charles-Adolphe)
né à Rouen, le 31 décembre 1876.
Salons de 1913, 1914.

BLOT (Jacques-Émile)
né à Paris, le 8 mai 1885.
Salons de 1906, 1907, 1909, 1910, 1911, 1912, 1913, 1914.

BOLLIGER (Rodolphe)
né à Arbon (Suisse), le 18 novembre 1878.
Salons de 1910, 1911, 1912, 1913.

BONNARD (Pierre)
né à Fontenay-aux-Roses, le 3 octobre 1867.
Salons de 1891, 1892, 1893, 1901, 1902, 1903, 1904, 1905, 1906, 1909, 1910, 1914.

BOUSSINGAULT (Jean-Louis)
né à Paris, le 8 mars 1883.
Salons de 1909, 1910, 1913.

BORGEAUD (Marius)
né à Lausanne (Suisse), le 21 septembre 1861.
Salons de 1905, 1906, 1907, 1908, 1909, 1910, 1911, 1912.

BRAQUE (Georges)
né à Argenteuil.
Salons de 1906, 1907, 1908, 1909.

CAMOIN (Charles)
né à Marseille, en 1879.
Salons de 1903, 1904, 1905, 1906, 1907, 1908, 1909, 1911, 1912.

CARABIN (Rupert)
né à Saverne (Bas-Rhin) le 27 mars 1862.
Salons de 1884, 1886, 1887, 1888, 1890.

CÉZANNE (Paul)
né à Aix-en-Provence, le 19 janvier 1839;
décédé à Aix-en-Provence, le 22 octobre 1906.
Salons de 1899, 1901, 1902.

CHAGALL (Marc)
né à Vitebsk (Russie), en 1890.
Salons de 1912, 1913, 1914.

CHARLOT (Louis)
né à Cussy-en-Morvan (Saône-et-Loire), le 26 avril 1878.
Salons de 1904, 1905, 1906, 1907, 1908, 1909, 1910, 1911, 1912, 1913, 1914.

CHARMOY (José de)
né à l'Ile Maurice;
décédé.
Salon de 1901.

CHARMY (Émilie)
née à Saint-Etienne.
Salons de 1903, 1904, 1905, 1906, 1907, 1908, 1909, 1911, 1912, 1913, 1914.

CHIRICO (Georgio de)
né à Florence.

Salons de 1913, 1914.

COUSTURIER (Lucie)
née à Paris.

Salons de 1901, 1902, 1903, 1904, 1905, 1906, 1907, 1908, 1909, 1910, 1911, 1912, 1913, 1914.

CROSS (Henri-Edmond)
né à Douai, le 20 mai 1856 ;
décédé à Saint-Clair, le 16 mai 1910.

Salons de 1884, 1886, 1887, 1888, 1890, 1891, 1892, 1893, 1894, 1895, 1896, 1897, 1898, 1899, 1901, 1902, 1903, 1904, 1905, 1906, 1907, 1908, 1909, 1910, 1911.

DELAUNAY (Robert)
né à Paris.

Salons de 1904, 1905, 1906, 1907, 1909, 1911, 1912, 1914.

DELTOMBE (Paul-Edmond)
né à Catillon (Nord), le 6 avril 1878.

Salons de 1902, 1903, 1904, 1905, 1906, 1907, 1908, 1909, 1910, 1911, 1912, 1913, 1914.

DENIS (Maurice)
né à Grandville, le 25 novembre 1870.

Salons de 1891, 1892, 1893, 1894, 1901, 1902, 1903, 1904, 1905, 1906, 1909.

DERAIN (André)
né à Chatou (Seine-et-Oise), le 17 juin 1880.

Salons de 1905, 1906, 1907, 1908, 1909.

DESBOIS (Jules)
né à Parçay (Maine-et-Loire), le 20 décembre 1851.

Salons de 1904, 1905.

DESVALLIÈRES (Georges)
né à Paris, le 14 mars 1861.
Salons de 1905, 1906.

DÉZIRÉ (Henri)
né à Libourne, le 6 février 1878.
Salons de 1904, 1905, 1906, 1907, 1908, 1909, 1910, 1911, 1912, 1913.

DORIGNAC (Georges)
né à Bordeaux, le 8 novembre 1879.
Salons de 1902, 1903, 1904, 1905, 1906, 1907, 1908, 1909, 1910, 1911, 1912, 1913, 1914.

DOUCET (Henri)
né à Paris;
décédé le 4 mars 1915.
Salons de 1908, 1910, 1911.

DRÉSA (Jacques)
né à Versailles, le 11 janvier 1869.
Salons de 1906, 1907, 1908, 1909, 1910, 1911.

DUBOIS-PILLET (Albert)
né à Paris;
décédé le 17 août 1890.
Salons de 1884, 1886, 1887, 1888, 1899, 1890, 1891.

DUFRÉNOY (Léon-Georges)
né à Thiais (Seine), le 20 juin 1870.
Salons de 1895, 1896, 1897, 1901, 1902, 1903, 1904, 1905, 1906, 1907, 1908, 1909, 1910, 1912.

DUFY (Raoul)
né au Havre.
Salons de 1903, 1904, 1905, 1906, 1907, 1908, 1909, 1910, 1911, 1913.

DULAC (Charles)
né à Paris en 1864;
décédé.

Salons de 1890, 1891, 1892, 1893.

DUMONT (Henri-Julien)
né à Paris, le 14 décembre 1859.

Salons de 1889, 1890, 1891, 1892, 1893, 1894, 1895, 1896.

DUNOYER DE SEGONZAC (André)
né à Boussy-Saint-Antoine (Seine-et-Oise), le 6 juillet 1884.

Salons de 1909, 1910, 1911, 1912, 1913, 1914.

DUREY (René-Jean)
né à Paris, le 16 novembre 1890.

Salon de 1914.

ENSOR (James)
né à Ostende, en 1860.

Salon de 1901.

EPSTEIN (Henri)
né à Lodz (Pologne), le 20 juin 1892.

Salon de 1914.

ESPAGNAT (Georges d')
né à Paris, en 1868.

Salons de 1892, 1893, 1894, 1895, 1896, 1897, 1901, 1904, 1906, 1910.

FEDER (Adolphe)
né à Odessa (Russie), le 16 août 1886.

Salons de 1913-1914.

FILIGER (Charles)
né à Thann (Alsace).

Salons de 1889, 1890.

FIORI (Ernesto de)
né à Rome.

Salons de 1913, 1914.

FORAIN (Jean-Louis)
né à Reims, le 23 octobre 1852.

Salon de 1903.

FLANDRIN (Jules)
né à Corenc (Isère), le 9 juillet 1871.

Salons de 1905, 1906, 1907, 1908, 1909, 1910, 1911, 1914.

FRIESZ (Othon)
né au Havre, le 6 février 1879.

Salons de 1903, 1904, 1905, 1906, 1907, 1908, 1909, 1910.

GABORIAUD (Josué)
né à Paris, le 21 avril 1883.

Salons de 1910, 1911, 1912.

GACHET (Paul)
né à Lille ; décédé en 1909.

Salons de 1890, 1891, 1892, 1893, 1894, 1895, 1903, 1904, 1905, 1906, 1907, 1908, 1909.

GIRAN-MAX (Léon)
né à Paris, le 24 juillet 1867.

Salons de 1890, 1891, 1892, 1893, 1894, 1895, 1903, 1905, 1906, 1907, 1908, 1909, 1910, 1911, 1914.

GIRIEUD (Pierre)
né à Marseille.

Salons de 1902, 1903, 1904, 1905, 1906, 1907, 1908, 1909, 1910, 1911.

GLEIZES (Albert-Léon)
né à Paris, le 8 décembre 1881.

Salons de 1910, 1911, 1912, 1913, 1914.

GONDOUIN (Emmanuel)
né à Versailles, le 29 janvier 1883.

Salons de 1911, 1912, 1913, 1914.

GRANDJOUAN (Jules-Félix)
né à Nantes.

Salon de 1907.

GUÉRIN (Charles)
né à Sens, le 21 février 1875.

Salons de 1901, 1902, 1903, 1904, 1905, 1906, 1907, 1908, 1909, 1910.

GUILLAUMIN (Armand)
né à Paris, le 16 février 1841.

Salons de 1890, 1891.

HAYDEN (Henry)
né à Varsovie.

Salons de 1910, 1912, 1913, 1914.

HAWKINS (Louis-Welden)
né à Stuttgart.

Salons de 1892, 1893.

HERBIN (Auguste)
né à Quiévy (Nord), le 29 avril 1882.

Salons de 1906, 1907, 1908, 1909.

HERMANN-PAUL
né à Paris.

Salons de 1892, 1894, 1905, 1906, 1907, 1908, 1909, 1910, 1911.

HERVIEU (Louise-Jeanne-Aimée)
née à Alençon.

Salons de 1905, 1906, 1907, 1910, 1911, 1913, 1914.

HOUTEN (Georges Van)
né à Anvers, le 1er mai 1888.
Salons de 1912, 1913.

IBELS (Henri-Gabriel)
né à Paris, le 30 novembre 1867.
Salons de 1891, 1892, 1893, 1901, 1902, 1903.

INDENBAUM (Léon)
né à Vitebsk (Russie), le 15 décembre 1890.
Salon de 1913.

JAUDIN (Henri)
né à Paris, le 22 mai 1851.
Salons de 1884, 1886, 1887, 1888, 1889, 1890, 1891, 1892,
1893, 1894, 1895, 1896, 1897, 1898, 1899, 1900, 1901, 1902, 1903,
1904, 1905, 1906, 1911, 1912, 1913, 1914.

JAULMES (Gustave-Louis)
né à Lausanne, le 14 avril 1873.
Salons de 1908, 1909, 1910, 1911, 1912.

JOURDAIN (Francis)
né à Paris, le 2 novembre 1876.
Salons de 1896, 1897, 1898, 1901, 1902, 1903, 1904, 1905, 1906,
1907, 1908, 1909, 1910, 1911, 1912, 1913.

KISLING (Moïse)
né à Cracovie, le 22 janvier 1891.
Salons de 1913, 1914.

KREMEGNE
né à Wilna (Russie), le 13 juin 1891.
Salon de 1914.

KUPKA (François)
né à Opoéno (Bohême), le 23 septembre 1871.
Salons de 1911, 1912, 1913.

LABOUREUR (Jean-Émile)
né à Nantes, le 16 août 1877.

Salons de 1913, 1914.

LACOMBE (Georges)
né à Versailles ;
décédé.

Salons de 1895, 1901, 1905, 1906, 1911.

LACOSTE (Charles)
né à Floirac (Gironde), le 3 mars 1870.

Salons de 1901, 1902, 1903, 1904, 1905, 1906, 1907, 1908, 1909, 1910, 1911, 1912, 1913, 1914.

LAFORGE (Lucien)
né à Paris.

Salons de 1910, 1911, 1912, 1914.

LAPRADE (Pierre)
né à Narbonne, le 19 juillet 1875.

Salons de 1901, 1902, 1903, 1904, 1905, 1906, 1907, 1908, 1909, 1910, 1911, 1912, 1913, 1914.

LAURENCIN (Marie)
née à Paris.

Salons de 1906, 1907, 1908, 1909, 1910, 1911, 1912, 1913, 1914.

LAUTREC (Henri de Toulouse)
né à Albi, le 24 novembre 1864 ; décédé le 9 septembre 1901.

Salons de 1889, 1890, 1891, 1892, 1893, 1894, 1895, 1897, 1902.

LEBASQUE (Henri)
né à Champigné (Maine-et-Loire), le 25 septembre 1866.

Salons de 1893, 1894, 1895, 1896, 1901, 1902, 1903, 1904, 1905, 1906, 1907, 1908, 1909, 1910, 1911, 1912, 1913, 1914.

LÉGER (Fernand)
né à Argentan, février 1881.
Salons de 1910, 1911, 1912.

LEMPEREUR (Edmond)
né à Oullins (Rhône); décédé en 1910
Salons de 1903, 1904, 1905, 1906, 1907, 1908, 1909, 1910.

LESPINASSE (Herbert-André)
né à Stamford (Etats-Unis).
Salon de 1914.

LEWITSKA (Sonia)
née à Tchenstokowo (Pologne).
Salons de 1910, 1911, 1912, 1913, 1914.

LHOTE (André)
né à Bordeaux, le 5 juillet 1885.
Salons de 1908, 1909, 1910, 1911, 1912, 1913, 1914.

LOTIRON (Robert)
né à Paris, le 29 octobre 1886.
Salons de 1910, 1911, 1912, 1913, 1914.

LUCE (Maximilien)
né à Paris, en 1858.
Salons de 1888, 1889, 1890, 1891, 1892, 1893, 1894, 1895, 1896, 1897, 1898, 1899, 1900, 1901, 1902, 1903, 1904, 1905, 1906, 1907, 1908, 1909, 1910, 1911, 1912, 1913, 1914.

MAINSSIEUX (Lucien)
né à Voiron (Isère), le 4 août 1885.
Salons de 1907, 1908, 1909, 1910, 1911, 1912, 1913, 1914.

MANGUIN (Henri-Charles)
né à Paris, le 23 mars 1874.
Salons de 1902, 1903, 1904, 1905, 1906, 1907, 1908, 1909, 1910, 1912.

MANZANA-PISSARRO
né à Paris.

Salons de 1906, 1907, 1908, 1909, 1910, 1911.

MARCEL-BÉRONNEAU (Pierre)
né à Bordeaux, juillet 1869.

Salons de 1906, 1907, 1908, 1909, 1911.

MARCEL-LENOIR
né à Montauban, le 12 mai 1872.

Salons de 1903, 1904, 1906, 1907, 1908, 1909, 1910, 1911, 1912, 1913, 1914.

MARCHAND (Jean)
né à Paris, le 21 novembre 1883.

Salons de 1908, 1910, 1911, 1912, 1913, 1914.

MARQUE (Albert-Henri)
né à Nanterre, le 14 juillet 1872.

Salons de 1903, 1904, 1905, 1906, 1907, 1908, 1909, 1910, 1911.

MARQUET (Albert)
né à Bordeaux, le 27 mars 1875.

Salons de 1901, 1902, 1903, 1904, 1905, 1906, 1907, 1908, 1909, 1910, 1912.

MARVAL (Jacqueline)
née à Paris.

Salons de 1901, 1902, 1903, 1905, 1906, 1907, 1908, 1909, 1910, 1911, 1914.

MATHAN (Raoul de)
né à Albi, en 1874.

Salons de 1904, 1905, 1906, 1907, 1908, 1909.

MATISSE (Henri)
né au Cateau (Nord), en 1869.

Salons de 1901, 1902, 1903, 1904, 1905, 1906, 1907, 1909, 1910, 1911.

MAUFRA (Maxime)
né à Nantes, le 17 mai 1861 ;
décédé.
Salons de 1891, 1892, 1893.

MAURIN (Charles)
né au Puy-en-Velay ;
décédé.
Salon de 1888.

MAX-JACOB
né à Quimper, le 11 juillet 1876.
Salons de 1907, 1908.

METTHEY (André)
né à Laignes (Côte-d'Or), le 4 juin 1871.
Salons de 1901, 1902, 1903, 1904, 1905, 1906, 1908, 1909, 1910, 1911.

METZINGER (Jean)
né à Nantes, le 24 juin 1883.
Salons de 1903, 1904, 1905, 1906, 1907, 1908, 1909, 1910, 1911, 1912, 1913, 1914.

MILCENDEAU (Charles)
né à Soullans (Vendée) ;
décédé.
Salons de 1902, 1903.

MODIGLIANI (Amédée)
né à Livourne (Italie), le 12 juillet 1884 ;
décédé à Paris, le 25 janvier 1920.
Salons de 1908, 1910, 1911.

MOREAU (Luc-Albert)
né à Paris, le 9 décembre 1882.
Salons de 1909, 1910, 1911, 1912, 1913, 1914.

MORGAN-RUSSELL
né à New-York.

Salons de 1913, 1914.

NADELMAN (Elie)
né à Varsovie.

Salons de 1907, 1913, 1914.

NONELL (Isidor)
né à Barcelone.

Salons de 1903, 1904, 1905, 1906, 1907, 1908, 1909, 1910.

ORTIZ DE ZARATE (Manuel)
né en Lombardie (Lago di Como), le 9 octobre 1886.

Salons de 1912, 1913.

OSBERT (Alphonse)
né à Paris.

Salons de 1889, 1890, 1891, 1892, 1893, 1894, 1895.

OTTOZ (Emile)
né à Paris.

Salons de 1893, 1894, 1895, 1896, 1897, 1898, 1899, 1900, 1901, 1902, 1903, 1904, 1905, 1906, 1907, 1908, 1909, 1910, 1911, 1912, 1913.

OZENFANT (Amédée)
né à Saint-Quentin, avril 1886.

Salon de 1914.

PESKÉ (Jean)
né à Golta (Russie), en 1877.

Salons de 1895, 1906, 1907, 1908, 1909, 1910, 1911, 1912, 1913, 1914.

PETITJEAN (Hippolyte)
né à Mâcon.

Salons de 1891, 1892, 1893, 1894, 1895, 1896, 1901, 1902, 1903, 1904, 1905, 1906, 1907, 1909, 1910, 1911, 1914.

PICART LE DOUX (Charles-René)
né à Paris, le 12 juillet 1881.
Salons de 1906, 1907, 1908, 1909, 1910, 1911, 1912, 1913, 1914.

PICASSO (Pablo Ruiz)
né à Málaga, le 24 octobre 1881.

PIOT (René)
né à Paris.
Salon de 1905.

PISSARRO (Lucien)
né à Paris.
Salons de 1886, 1887, 1888, 1889, 1890, 1891, 1892, 1893, 1894.

PRUNIER (Gaston)
né au Havre, le 19 janvier 1863.
Salons de 1894, 1903, 1904, 1905, 1906, 1907.

PUY (Jean)
né à Roanne, le 8 novembre 1876.
Salons de 1900, 1901, 1902, 1903, 1904, 1905, 1906, 1907, 1908, 1909, 1910, 1912.

RANSON (Paul-Élie)
né à Limoges ;
décédé en 1909.
Salons de 1892, 1893, 1899, 1901, 1902, 1903, 1904, 1906, 1907.

REDON (Odilon)
né à Bordeaux, en 1842,
décédé en 1916.
Salons de 1884, 1886, 1887.

REGOYOS (Dario de)
né en Espagne.
Salons de 1890, 1892, 1893, 1894, 1895, 1901, 1902, 1903, 1904, 1905, 1906, 1908, 1911.

RIVAUD (Charles)
né à Boismorand (Loiret), le 5 avril 1859.

Salons de 1906, 1909, 1910.

RIVERA (Diego-M.)
né au Mexique, le 8 décembre 1886.

Salons de 1913, 1914.

ROUAULT (Georges)
né à Paris, le 27 mai 1871.

Salons de 1905, 1906, 1907, 1908, 1909, 1910, 1911, 1912.

ROUSSEAU (Henri-Julien)
né à Laval, en 1844 ;
décédé, en 1910.

Salons de 1886, 1887, 1888, 1889, 1890, 1891, 1892, 1893, 1894, 1895, 1896, 1897, 1898, 1901, 1902, 1903, 1904, 1905, 1906, 1907, 1908, 1909, 1910, 1911.

ROUSSEL (K.-Xavier)
né à Metz, en 1866.

Salons de 1901, 1902, 1903, 1904, 1905, 1906, 1909. 1910.

SÉGUIN (Arsène)
né à Saint-Malo, en 1848.

Salons de 1884, 1886, 1887, 1888, 1889, 1890, 1891, 1892, 1893, 1894, 1895, 1896, 1897, 1898, 1899, 1900, 1901, 1902, 1903, 1904, 1905, 1906, 1907, 1908, 1909, 1910, 1911, 1912, 1913, 1914.

SÉON (Alexandre)
né à Chazelles-sur-Lyon (Loire).

Salons de 1888, 1889, 1907, 1908, 1909, 1910, 1911, 1912, 1913, 1914.

SÉRUSIER (Paul)
né à Paris, novembre 1864.

Salons de 1895, 1901, 1904, 1905, 1906, 1907, 1908, 1909, 1910, 1911, 1912, 1913.

SEURAT (Georges)
né à Paris, en 1859 ; décédé en 1891.
Salons de 1884, 1886, 1887, 1888, 1889, 1890, 1891, 1892, 1905.

SEVERINI (Gino)
né à Rome.
Salons de 1908, 1909, 1910.

SEYSSAUD (René)
né à Marseille, le 15 juin 1867.
Salons de 1911, 1912, 1913, 1914.

SIGNAC (Paul)
né à Paris, le 11 novembre 1863.
Salons de 1884, 1886, 1887, 1888, 1889, 1890, 1891, 1892, 1893,
1894, 1895, 1896, 1897, 1898, 1899, 1900, 1901, 1902, 1903, 1904,
1905, 1906, 1907, 1908, 1909, 1910, 1911, 1912, 1913, 1914.

STEINLEN (Théophile-Alexandre)
né à Lausanne, le 20 novembre 1859.
Salon de 1893.

TOBEEN (Félix-Elie)
né à Bordeaux, le 19 juillet 1880.
Salons de 1911, 1912, 1913, 1914.

TRACHSEL (Albert)
Salon de 1891.

VALLOTTON (Félix)
né à Lausanne, le 28 décembre 1865.
Salons de 1891, 1893, 1899, 1901, 1902, 1903, 1904, 1905,
1906, 1907, 1908, 1909.

VALTAT (Louis)

né à Dieppe, le 8 août 1869.

Salons de 1884, 1893, 1894, 1896, 1897, 1899, 1901, 1902, 1904, 1905, 1906, 1909, 1910, 1913, 1914.

VALTON (Edmond-Eugène)

né à Paris en 1836; décédé en 1910.

Salons de 1884, 1886, 1887, 1888, 1890, 1891, 1892, 1893, 1894, 1895, 1896, 1897, 1898, 1899, 1900, 1901, 1902, 1903, 1904, 1905, 1906, 1907, 1908, 1909, 1910, 1911.

VAN DONGEN (Kees)

né à Delfshaven (Hollande), le 26 janvier 1877.

Salons de 1904, 1905, 1906, 1908, 1909, 1910, 1911, 1913, 1914.

VAN GOGH (Vincent)

né à Groot Zundert (Pays-Bas), le 30 mars 1853;
décédé à Auvers-sur-Oise, le 29 juillet 1890.

Salons de 1888, 1889, 1890, 1891.

VAN RYSSELBERGHE (Théo)

né à Gand, en 1862.

Salons de 1890, 1891, 1892, 1893, 1895, 1901, 1902, 1903, 1904, 1905, 1906.

VLAMINCK (Maurice)

né à Paris, le 4 avril 1876.

Salons de 1905, 1906, 1907, 1908, 1909, 1910, 1911, 1912, 1913.

VUILLARD (Edouard)

né à Cuiseaux (Saône-et-Loire), en 1867.

Salons de 1901, 1902, 1903, 1904, 1905, 1906, 1909, 1910.

WAROQUIER (Henry de)
né à Paris, le 8 janvier 1881.
Salons de 1906, 1907, 1908, 1909, 1910, 1911, 1912, 1913, 1914.

WILLETTE (Léon-Adolphe)
né à Châlons-sur-Marne, le 31 juillet 1857.
Salon de 1890.

ZADKINE (Joé)
né à Smolensk (Russie), le 14 juillet 1890.
Salons de 1911, 1912, 1914.

Emplacements
des Expositions successives
de la Société des Artistes Indépendants

Année 1884

Le *Groupe* des Artistes indépendants, qui devait, quelques mois plus tard, composer la *Société* des Artistes indépendants, exposa, en concurrence avec un autre groupe dont j'ai parlé antérieurement :

BARAQUEMENT DES TUILERIES
(Entre les Pavillons de Flore et de Marsan)
Du 15 mai au 30 juin
De 9 heures à 6 heures.

1884

Le 10 décembre s'ouvrit, en réalité, la première exposition de la *Société* des Artistes indépendants.

PAVILLON DE LA VILLE DE PARIS
(Champs-Elysées)

1885

Il n'y eut pas d'exposition organisée par la *Société* des Artistes indépendants.

Mais le groupe rival exposa de nouveau aux Tuileries, du 10 mai au 15 juin.

1886

Le groupe rival n'existant plus, la *Société* des Artistes indépendants organisa, elle, sa 2e exposition :

RUE DES TUILERIES. BATIMENT B

(Près du Pavillon de Flore)

Du 21 août au 21 septembre.

De 9 heures à 6 heures.

1887

3e exposition.

PAVILLON DE LA VILLE DE PARIS

(Champs-Elysées)

Du 26 mars au 3 mai

De 9 heures à 6 heures.

1888

4e exposition.

PAVILLON DE LA VILLE DE PARIS

(Champs-Elysées)

Du 22 mars au 3 mai

De 9 heures à 6 heures.

1889

5e exposition.

SALLE DE LA SOCIÉTÉ D'HORTICULTURE

(84, rue de Grenelle St-Germain)·

Du 3 septembre au 4 octobre

De 9 heures à 6 heures.

1890

6ᵉ exposition.
PAVILLON DE LA VILLE DE PARIS
(Champs-Elysées)

Du 20 mars au 27 avril
De 9 heures à 6 heures.

1891

7ᵉ exposition.
PAVILLON DE LA VILLE DE PARIS
(Champs-Elysées)

Du 20 mars au 27 avril
De 9 heures à 6 heures.

1892

8ᵉ exposition.
PAVILLON DE LA VILLE DE PARIS
(Champs-Elysées)

Du 19 mars au 27 avril
De 9 heures à 6 heures.

1893

9ᵉ exposition.
PAVILLON DE LA VILLE DE PARIS
(Champs-Elysées)

Du 18 mars au 27 avril
De 9 heures à 6 heures.

1894

10ᵉ exposition.
PALAIS DES ARTS LIBÉRAUX
(Champ-de-Mars)

Du 7 avril au 27 mai
De 10 heures à 6 heures.

1895

11ᵉ exposition.
PALAIS DES ARTS LIBÉRAUX
(Champ-de-Mars)
Du 9 avril au 26 mai
De 10 heures à 6 heures.

1896

12ᵉ exposition.
PALAIS DES ARTS LIBÉRAUX
(Champ-de-Mars)
Du 1ᵉʳ avril au 31 mai
De 10 heures à 6 heures.

1897

13ᵉ exposition.
PALAIS DES ARTS LIBÉRAUX
(Champ-de-Mars)
Du 3 avril au 31 mai
De 10 heures à 6 heures.

1898

14ᵉ exposition.
PALAIS DE GLACE
(Champs-Elysées)
Du 19 avril au 12 juin
De 10 heures à 6 heures.

1899

15ᵉ exposition.
5, RUE DU COLISÉE
(Champs-Elysées)
Du 21 octobre au 26 novembre
De 9 heures à 7 heures.

1900

16° exposition.
5, RUE DU COLISÉE
(Champs-Elysées)
Du 5 au 25 décembre
De 10 heures à 5 heures.

1901

17e exposition
GRANDES SERRES DE L'EXPOSITION UNIVERSELLE
(Cours-la-Reine)
Du 20 avril au 21 mai
De 10 heures à 6 heures.

1902

18° exposition
GRANDES SERRES DE L'EXPOSITION UNIVERSELLE
(Cours-la-Reine)
Du 29 mars au 5 mai
De 10 heures à 6 heures.

1903

19e exposition
GRANDES SERRES DE LA VILLE DE PARIS
(Cours-la-Reine)
Du 20 mars au 25 avril
De 10 heures à 6 heures.

1904

20e exposition
GRANDES SERRES DE LA VILLE DE PARIS
(Cours-la-Reine)
Du 21 février au 24 mars
De 10 heures à 6 heures.

1905

21e exposition

GRANDES SERRES DE LA VILLE DE PARIS

(Cours-la-Reine)

Du 24 mars au 30 avril
De 10 heures à 6 heures.

1906

22e exposition

SERRES DE LA VILLE DE PARIS

(Cours-la-Reine)

Du 20 mars au 30 avril
De 9 heures à 6 heures.

1907

23e exposition

SERRES DU COURS-LA-REINE

Du 20 mars au 30 avril
De 9 heures à 6 heures.

1908

24e exposition

SERRES DU COURS-LA-REINE

Du 20 mars au 2 mai
De 9 heures à 6 heures.

1909

25e exposition

JARDIN DES TUILERIES

(Serres de l'Orangerie)

Du 25 mars au 2 mai
De 9 heures à 6 heures.

1910

26e exposition
COURS-LA-REINE
(Pont des Invalides)
Du 18 mars au 1er mai inclus
De 9 heures à 6 heures.

1911

27e exposition
QUAI D'ORSAY
(Pont de l'Alma)
Du 21 avril au 13 juin inclus
De 9 heures à 6 heures.

1912

28e exposition
QUAI D'ORSAY
(Pont de l'Alma)
Du 20 mars au 16 mai inclus
De 9 heures à 6 heures.

1913

29e exposition
QUAI D'ORSAY
(Pont de l'Alma)
Du 19 mars au 18 mai inclus
De 9 heures à 6 heures.

1914

30e exposition
CHAMP DE MARS
(Avenue la Bourdonnais,
près l'École Militaire)
Du 1er mars au 30 avril inclus
De 9 heures à 6 heures.

LES INDÉPENDANTS

1920

3¹ᵉ exposition

GRAND PALAIS DES CHAMPS-ÉLYSÉES

(Avenue d'Antin)

Du 28 janvier au 29 février
De 9 heures à 6 heures.

STATUTS

Nous croyons utile de donner ci-après la copie complète des *Statuts* de la Société des Artistes Indépendants; statuts qui constituent, assurément, un règlement achevé.

Ces statuts ne subirent aucune modification jusqu'en l'année 1914. Mais, du fait de la guerre, la Société se trouvant dénuée actuellement de toutes ressources financières, il fallut, pour l'exposition de cette année 1920, élever le montant de la cotisation de chaque sociétaire ancien et nouveau. C'est le seul changement apporté à la teneur parfaite de ces Statuts.

ARTICLE PREMIER — Il est formé à partir du 29 juin 1884 entre les artistes peintres, sculpteurs, architectes, graveurs et dessinateurs, qui adhèreront aux présents statuts et qui seront agréés par le Comité dont il sera ci-après parlé, une Société qui a pour objet l'organisation, avec l'autorisation de l'autorité compétente, d'Expositions annuelles et périodiques des Beaux-Arts (Peinture, Sculpture, Architecture, Gravure, Dessins, Cartons, Aquarelles, Pastels, Miniatures, Vitraux, Emaux, Porcelaines et Faïences); basées sur la suppression des Jurys d'admission. Elle prend le titre de Société des Artistes Indépendants.

La Société pourra, le cas échéant, organiser des Expositions dans les principales villes de province et de l'étranger.

Son Siège est établi à Paris, 131, avenue Parmentier [1].

Il pourra être transféré ailleurs, mais à Paris, par simple décision du Comité de direction et avec l'autorisation de M. le Préfet de Police.

Le siège social est attributif de domicile et de juridiction.

ART. 2. — La durée de la Société est illimitée.

ART. 3. — Pour être sociétaire, il faut :

Signer son adhésion aux présents statuts ;

Verser d'avance six mois de cotisation comptés à partir du premier jour du mois dans lequel on adhère ;

Verser également un droit d'adhésion de 1 franc.

La cotisation mensuelle est de 1 fr. 25 ; elle est payable d'avance et par mois ; les sociétaires sont tenus de la faire parvenir sans frais au Trésorier de la Société qui leur en délivre un reçu à souche.

Au bout de six mois de non-paiement, les cotisations arriérées seront réclamées au Sociétaire par une première lettre recommandée.

Une deuxième lettre est envoyée au bout de deux autres mois, et la dernière au bout d'un nouveau mois.

Toutefois, la radiation définitive n'aura lieu qu'au moment de l'Exposition et, alors seulement, tout sociétaire rayé sera considéré comme démissionnaire.

Tout ancien sociétaire démissionnaire qui demanderait à faire partie à nouveau de la Société des Artistes Indépendants, devra verser une année d'arriéré de cotisation s'il est démissionnaire depuis plus d'un an, et six mois d'arriéré s'il est démissionnaire depuis moins d'un an. Dans les deux cas, l'ancien Sociétaire devra, en outre, verser d'avance une année entière et un droit d'adhésion de 1 franc.

ART. 4. — Le titre de membre d'honneur peut être conféré par le Comité aux personnes qui auront rendu d'importants services à la Société.

Ce titre ne donne pas le droit d'assister aux assemblées générales.

ART. 5. — Le fonds social se compose :

1º De la cotisation mensuelle et du droit d'adhésion ;

1. Le siège de la Société est établi actuellement : 18, rue Mazarine (6e arr.).

2° D'une somme versée par chaque exposant et qui ne pourra dépasser 10 francs, quel que soit le nombre d'œuvres accordé par le règlement d'Exposition.

Toutefois, les sociétaires domiciliés en dehors des départements de la Seine et de Seine-et-Oise, sont dispensés du paiement de cette somme à partir du jour où ils comptent deux ans de sociétariat :

3° Des intérêts des capitaux appartenant à la Société ;

4° Des bénéfices des Expositions.

ART. 6. — Les ressources de la Société sont affectées :

1° A l'organisation et au fonctionnement des Expositions ;

2° Aux acquisitions et dépenses pour objets mobiliers, votées par le Comité, et aux frais généraux de toute nature.

3° A la création et à l'accroissement d'un fonds de réserve qui sera placé dans une Caisse publique, et destiné à faire face aux dépenses imprévues ;

4° A l'exonération des droits d'Exposition en faveur des sociétaires ayant payé au moins deux ans de sociétariat, quand le fonds de réserve aura dépassé 20.000 francs.

5° Tous les trois ans, à partir du 31 décembre, lorsque le fonds de réserve aura atteint 20.000 francs, le tiers des bénéfices de cette période triennale sera partagé entre tous les sociétaires, au prorata de leur ancienneté dans cette période de trois ans. L'ancienneté d'un sociétaire ne compte que de sa dernière admission ; un sociétaire démissionnaire ou rayé pendant cette période n'a droit à aucune répartition.

Les deux autres tiers des bénéfices viendront augmenter le fonds de réserve.

ART. 7. — L'administration de la Société est confiée à un Comité composé de vingt membres pris parmi les sociétaires français dont le mandat est gratuit. Le Comité est nommé par les sociétaires, réunis en Assemblée générale, à la majorité des voix. Nul ne peut être membre du Comité s'il n'est Français, majeur, et s'il ne jouit de ses droits civils et politiques. Ne pourront faire partie du Comité que les Sociétaires ayant, au moins, deux ans de Sociétariat.

ART. 8. — Le Comité restera en fonction pendant deux ans à partir du jour de son élection.

Les membres sortants sont rééligibles.

ART. 9. — Il sera adjoint au Comité un Trésorier dont les attributions seront indiquées dans le règlement spécial d'administration. Le Trésorier sera nommé par le Comité à la majorité des voix ; il peut être changé par le Comité de la même manière.

Cependant, jusqu'à ce que la situation financière de la Société lui permette d'avoir un Trésorier rétribué, un membre du Comité en remplira les fonctions. Sa nomination et son changement auront lieu dans les conditions indiquées plus haut.

ART. 10. — Dès qu'une vacance, pour quelque cause que ce soit, se produira au Comité, la plus prochaine Assemblée générale aura à y pourvoir ; les fonctions de ces nouveaux membres finiront en même temps que celles des anciens.

ART. 11. — Chaque année, le Comité nomme parmi ses membres un Président, deux Vice-Présidents et deux Secrétaires.

ART. 12. — Le Comité se réunit au moins une fois par mois et chaque fois qu'il le juge convenable.

Il peut être réuni d'urgence par le Président ou lorsque la réunion est demandée par trois de ses membres.

ART. 13. — La présence de onze membres au moins, si le Comité est au complet, est nécessaire pour la validité des délibérations, qui sont prises à la majorité des voix. En cas de partage, la voix du Président est prépondérante.

ART. 14. — Si, pour des causes énoncées en l'article 10, le nombre des membres composant le Comité se trouve réduit, la présence de onze membres au moins est nécessaire pour la validité de ses délibérations, qui sont prises comme il est dit à l'article qui précède.

ART. 15. — Si, pour des causes particulières, voyages, maladies, etc ; le nombre des membres du Comité assistant aux réunions est inférieur aux nombres prescrits aux articles 13 et 14 pour la validité des délibérations et qu'il soit indispensable de prendre une décision immédiate par suite d'événements imprévus, cette décision peut être prise lors même qu'il n'y aurait que sept membres présents, mais elle doit alors réunir l'unanimité. Dès que le Comité se trouve de nouveau en nombre, les décisions prises de cette façon lui sont soumises ; il les approuve ou les blâme, et dans ce dernier cas, si l'urgence invoquée n'a pas été reconnue et s'il s'en est suivi un préjudice pour la Société, les membres qui ont pris la décision peuvent en être rendus pécuniairement responsables.

ART. 16. — En cas d'absence du Président, la présidence appartient au premier Vice-Président, en cas d'absence de celui-ci, au deuxième Vice-Président, et, en cas d'absence de ces derniers au plus âgé des autres membres. La voix du Président ainsi nommé est également prépondérante.

Art. 17. — Nul ne peut voter par procuration dans le sein du Comité.

Art. 18. — Tout membre du Comité qui aura manqué à quatre séances consécutives sans cas de force majeure ou sans avoir prévenu le Président sera considéré comme démissionnaire. Il sera pourvu à son remplacement dans les formes prescrites à l'article 7. Lorsque le Président s'absente, il en prévient le premier Vice-Président.

Les membres du Comité seront, pour les Assemblées générales, soumis à la même réglementation.

Art. 19. — Le procès-verbal de chaque séance du Comité est transcrit sur un registre *ad hoc* tenu par un des Secrétaires; il est signé par tous les membres présents à la séance.

Art. 20. — Les extraits ou copies de ces procès-verbaux à produire en justice seront signés par le Président et l'un des Secrétaires.

Art. 21. — Le Comité représente la Société et agit en son nom pour l'administration des biens et affaires de la Société; il peut transiger, compromettre, donner tous désistement et mainlevée d'opposition ou inscription hypothécaire, avec ou sans paiement.

Il exerce tant en demandant qu'en défendant toutes actions judiciaires ou administratives.

Il propose à l'Assemblée générale toutes modifications aux Statuts.

Il a la complète organisation des Expositions.

Il arrête le budget annuel des recettes et des dépenses de la Société.

Il donne et prend à bail les locaux nécessaires à la Société.

Il conclut tous marchés.

Il nomme et révoque tous employés, détermine leurs attributions et fixe leurs traitements.

Il admet les nouveaux adhérents, qui ne peuvent être refusés que pour cause d'indignité, et les membres d'honneur, et propose à l'Assemblée générale les radiations, s'il y a lieu.

Il arrête les comptes, qui doivent être soumis à l'Assemblée générale suivant le mode prévu par le règlement d'administration.

Les membres du comité sont responsables solidairement des

fraudes ou détournements commis par les personnes employées par eux ou par le Trésorier.

Le comité convoque l'Assemblée générale des Sociétaires au moins trois fois par an ; une fois avant l'ouverture de l'Exposition annuelle ; une fois dans le mois qui suit la clôture de cette Exposition et une fois pendant la période qui s'écoule entre la fermeture d'une Exposition et l'ouverture de la suivante.

Il convoque également l'Assemblée générale pour les élections nécessitées par le renouvellement biennal ou pour compléter le Comité, et, en outre, chaque fois qu'il le juge utile.

Il transmet à l'autorité compétente, à la fin de chaque session, le compte rendu financier et moral de la Société et fait connaître les changements qui se sont produits dans la composition du bureau.

ART. 22. — La Société est valablement représentée en justice par le Président ou l'un des Vice-Présidents.

ART. 23. — Pour être valables, les engagements de la Société doivent être revêtus de la signature du Président et de celle d'un membre spécialement délégué à cet effet par le Comité.

ART. 24. — Il y a par an au moins trois Assemblées générales, celles prévues par l'article 21.

L'Assemblée générale est composée de tous les Sociétaires, convoqués par lettre.

Il sera donné avis, au moins sept jours à l'avance, dans deux journaux, dont un traitant spécialement des arts, au choix du Comité, tant des réunions prévues à l'article 21, que de celles non prévues ; l'avis de convocation envoyé dans les mêmes délais, feront connaître le lieu, le jour et l'heure de la réunion.

ART. 25. — L'Assemblée est régulièrement constituée lorsque les membres présents représentent au moins le dixième des sociétaires.

Si cette condition n'est pas remplie dans une première convocation, l'Assemblée générale, convoquée une deuxième fois, à quinze jours d'intervalle, délibère valablement, quel que soit le nombre des membres qui la composent.

ART. 26. — Les délibérations sont prises à la majorité des voix des membres présents.

ART. 27. — En cas de modifications apportées aux statuts, auront seuls le droit de vote, les sociétaires ayant, au moins, deux ans de sociétariat.

L'Assemblée réunie pour ces modifications, devra comprendre

le quart, au moins, des sociétaires ayant le droit de votes, et la
délibération devra être prise à la majorité des deux tiers des
membres votants.

Si l'Assemblée ne réunit pas un nombre suffisant de Sociétaires votants une nouvelle Assemblée générale convoquée une
deuxième fois, à quinze jours d'intervalle, délibère valablement,
quel que soit le nombre des membres présents; mais la délibération sera prise à la majorité des trois quarts des votants.

ART. 28. — En cas de modifications statutaires, la Société devra
solliciter de nouveau l'autorisation prévue par l'article 291 du
Code pénal.

ART. 29. — Les Assemblées générales sont présidées par le
Président du Comité ou l'un des Vice-Présidents; il est assisté
par le ou les Secrétaires, qui font l'office de scrutateurs.

ART. 30. — Les membres présents à l'Assemblée nomment à
chaque séance un assesseur qui prend place au bureau et signe
le procès-verbal.

ART. 31. — Nul ne peut se faire représenter aux Assemblées
générales par un mandataire, ce mandataire fût-il lui-même
sociétaire.

ART. 32. — Le Comité peut demander en Assemblée générale,
la déchéance d'un de ses membres. Cette révocation est votée
dans les conditions prévues aux articles 25 et 26.

ART. 33. — Nonobstant ce qui a été dit à l'article 8, la
déchéance d'un, de plusieurs ou de la totalité des membres du
Comité peut être demandée en Assemblée générale, si cette
proposition réunit la moitié plus un des sociétaires, et si, dans
ce nombre, les sociétaires ayant deux ans de sociétariat
comptent pour moitié.

ART. 34. — L'ordre du jour est arrêté par le Comité. Il n'y est
porté que les propositions émanant de lui, celles qui lui
auraient été communiquées douze jours au moins avant la
réunion par un sociétaire et les demandes de déchéances.

A la fin de la discussion de l'ordre du jour, il sera donné à l'Assemblée générale lecture pure et simple des propositions spon-
tanées, qui seront de droit portées à l'ordre du jour suivant, à
moins qu'elles ne visent une modification aux statuts, auquel
cas le Comité délibère et juge si ces propositions peuvent
être soumises à la discussion.

ART. 35. — Il ne peut être mis en délibération que les propositions portées à l'ordre du jour, sauf toutefois, ce qui est dit

aux articles 32 et 33, concernant la révocation des membres faisant partie du Comité.

Art. 36. — L'Assemblée générale peut être convoquée dans les conditions énoncées à l'article 24 par une réunion de la moitié plus un des sociétaires inscrits, parmi lesquels les sociétaires ayant deux ans de sociétariat devront figurer pour moitié.

Le Comité est tenu de se rendre à cette convocation, sous peine de déchéance. Dans ce cas, il est procédé, séance tenante, et conformément à l'article 7, à la nomination d'un nouveau Comité, qui entre immédiatement en fonction et a qualité pour agir judiciairement, s'il y a lieu, contre le Comité révoqué.

Ce Comité est nommé pour deux mois, mais il peut être maintenu pour deux ans par une nouvelle Assemblée générale; les deux ans comptant à partir de la première élection.

Quinze jours avant l'expiration de ses pouvoirs provisoires, ce Comité convoquera, dans les formes prescrites par l'article 24, les sociétaires en Assemblée générale extraordinaire, pour leur rendre compte de sa mission et prendre telles mesures nécessaires que les circonstances commanderont.

Dans ce cas, quel que soit le nombre des membres présents, sa délibération sera valable et ne pourra être attaquée par aucun membre dissident.

Art. 37. — L'Assemblée générale entend le rapport du Comité sur la situation de la Société.

Elle discute et, s'il y a lieu, approuve les comptes.

Elle statue sur les radiations des sociétaires.

Elle délibère et statue souverainement sur les intérêts de la Société et confère au Comité tous les pouvoirs supplémentaires qui seraient reconnus utiles.

Art. 38. — Les délibérations de l'Assemblée générale sont constatées par des procès-verbaux inscrits sur un registre spécial et signés des membres du bureau et de l'assesseur.

Une feuille, contenant les noms et domiciles des sociétaires présents à l'Assemblée et certifiée par le bureau, est annexée au procès-verbal.

Les discussions politiques et religieuses sont formellement interdites dans les Assemblées générales et les réunions du Comité.

Art. 39. — Les copies ou extraits à produire en justice ou ailleurs, des délibérations de l'Assemblée générale sont signés par le Président du Comité et l'un des Secrétaires.

Art. 40. — L'Assemblée générale, représentant les deux tiers au moins des sociétaires, pourra, à la majorité des trois quarts des membres présents prononcer la dissolution de la Société et nommer un ou plusieurs liquidateurs avec les pouvoirs les plus étendus.

Les membres qui auraient cessé de faire partie de la Société au jour de la dissolution, ainsi que les héritiers des membres décédés avant le prononcé légal de cette dissolution, n'auraient, dans ce cas, ni droit à exercer, ni réclamation à produire dans l'actif.

Cet actif sera partagé entre tous les autres sociétaires au prorata de l'ancienneté.

TABLES

TABLE DES CHAPITRES

TABLE DES ILLUSTRATIONS
HORS TEXTE

TABLE

DES PEINTRES, DES SCULPTEURS ET DES GRAVEURS

cités dans ce livre.

Saint-Denis

J. DARDAILLON, IMPRIMEUR

47, Boulevard de Chateaudun

www.ingramcontent.com/pod-product-compliance
Lightning Source LLC
LaVergne TN
LVHW051957060726
842528LV00002B/325